reinhardt

Peter Krallmann • Uta Kottmann

Ein Koffer voller Erinnerungen

52 kurze Geschichten
zum Vorlesen bei Demenz

4. Auflage

Ernst Reinhardt Verlag München

Peter Krallmann, Rosendahl (bei Coesfeld) ist psychologischer Berater sowie ehrenamtlicher Mitarbeiter bei verschiedenen sozialen Einrichtungen.

Dr. med. *Uta Kottmann*, Marl, ist Ärztin.

Bibliografische Information der Deutschen Nationalbibliothek

Die Deutsche Nationalbibliothek verzeichnet diese Publikation in der Deutschen Nationalbibliografie; detaillierte bibliografische Daten sind im Internet über <http://dnb.d-nb.de> abrufbar.

ISBN 978-3-497-02563-3 (Print)
ISBN 978-3-497-61468-4 (PDF-E-Book)
ISBN 978-3-497-61469-1 (EPUB)
4. Auflage

Printed in EU
Covermotiv: © ra2 studio – Fotolia.com
Satz: FELSBERG Satz & Layout, Göttingen

Ernst Reinhardt Verlag, Kemnatenstr. 46, D-80639 München
Net: www.reinhardt-verlag.de E-Mail: info@reinhardt-verlag.de

Inhalt

Familie

Alltagsgeschichten

Gedankenspielereien

Geleitwort von Elmar Lange

Nach Mitteilung der Deutschen Alzheimer Gesellschaft leben in Deutschland 2020 rund 1,6 Millionen Demenzkranke. Jedes Jahr treten mehr als 300.000 Ersterkrankungen auf. Sofern kein Durchbruch in Prävention und Therapie gelingt, wird ihre Zahl bis zum Jahr 2050 auf etwa 2,4 bis 2,8 Millionen anwachsen. Angesichts der steigenden Lebenserwartungen geht die Zahl der Betroffenen steil in die Höhe, da die Erkrankung mit dem Lebensalter rasant ansteigt: Während in der Altersgruppe der 65- bis 69-Jährigen „nur" 1,3 % erkrankt sind, liegt der entsprechende Anteil in der Gruppe der über 90-Jährigen bereits bei knapp 41 % (Deutsche Alzheimer Gesellschaft, Informationsblatt vom Juni 2020).

Die meisten der Erkrankten werden von ihren Familienangehörigen gepflegt und betreut, überwiegend von Frauen. Ihnen eine Hilfestellung für ihre erkrankten Angehörigen, aber auch für sich selbst zu geben, dazu soll dieses Buch beitragen. Es richtet sich darüber hinaus an alle, die mit Demenzkranken zu tun haben, seien es Freunde und Bekannte oder professionelle Fachkräfte und ehrenamtlich Tätige in der Altenpflege oder in gerontopsychiatrischen Kliniken.

Neben den je nach Schweregrad unterschiedlich intensiven Pflegeleistungen kommt es auf der zwischenmenschlichen Ebene besonders darauf an, die Würde der Kranken zu erhalten. Dazu bedarf es sehr viel emotionaler Zuwendung wie Liebe, Wertschätzung und Empathie, also die

Fähigkeit, sich in den Zuhörer und seine Situation hineinzuversetzen. Unter Berücksichtigung einer Einschränkung des Kurzzeitgedächtnisses und der Orientierungsstörung hinsichtlich der Zeit, des Ortes und der Personen kann der Vorleser eine entsprechende Auswahl der Geschichten treffen. Dazu gehört auch, jegliches Misserfolgserlebnis zu vermeiden. Dabei ist je nach Erkrankungsschwere das Anspruchsniveau an das Können des Zuhörenden variabel zu halten. Damit schafft man Vertrauen, verringert Angstzustände und trägt zum Erhalt der individuellen Würde bei.

Es gibt viele Möglichkeiten, den Kranken Wertschätzung und Anerkennung sowie Erfolgserlebnisse zukommen zu lassen. Hierzu gehören vor allem viel Geduld, persönliche Gespräche, körperliche Zuwendung, aber auch gemeinschaftliches Singen, z.B. von einfachen, ihnen aus ihrer Jugend bekannten Volksliedern.

Eine weitere Möglichkeit ist, ihnen kurze Geschichten vorzulesen, die sie an bekannte und als angenehm empfundene Alltagssituationen aus Kindheit, Jugend und noch unbeschwertem Erwachsenenleben erinnern, die in ihrem Langzeitgedächtnis gespeichert und damit abrufbar sind.

Das vorliegende Buch von Peter Krallmann und Dr. Uta Kottmann bietet zahlreiche Kurzgeschichten zum Vorlesen für Demenzkranke. Inhaltlich beziehen sie sich auf Alltagssituationen in der Familie, der Nachbarschaft, bei Freunden und Bekannten und auf Urlaubsreisen. Sie thematisieren u.a. Natur und Tiere, Jahreszeiten, Hobby und Beruf. Sie sind einerseits relativ offen, so dass sich die Kranken in ihnen wiedererkennen können, andererseits in ihren Beschreibungen von Emotionen, Stimmungen und Sinneseindrücken so dicht, dass sie im Langzeitgedächtnis angenehme Erinnerungen an positive Erlebnisse generieren. Über das Wiedererkennen hinaus ermöglichen einige Geschichten auch die produktive Mitarbeit der Zuhörenden, wenn etwa Satz- oder Wortergänzungen in einfacher Form von ihnen erbracht werden können. Die Geschichten unterscheiden sich in ihrem Anspruchsniveau und können damit gezielt auf die individuelle Situation der Kranken hin ausgewählt werden.

Man wird mit dem Vorlesen zwar keine Heilung der Krankheit erreichen, aber eine Linderung ihrer Auswirkungen erscheint möglich. Nicht zuletzt dürften auch die Vorleserinnen und Vorleser davon profitieren.

Prof. Dr. Elmar Lange
Fakultät für Soziologie,
Universität Bielefeld

Vorwort

Die Geschichten dieses Vorlesebuches erzählen Inhalte aus dem Alltag verschiedener Lebensbereiche. Oft werden Situationen beschrieben, die aus unterschiedlichen Lebensphasen, z. B. Kindheit, Familie, Beruf, Hobby, Bilder entstehen lassen. Der Zuhörer ist in seiner Erinnerungsfähigkeit und Vorstellungskraft reduziert. Da er die Wirklichkeit anders wahrnimmt als der Vorleser, muss vermieden werden, Meinungsverschiedenheiten logisch zu diskutieren. Es macht auch keinen Sinn, die eigenen Vorstellungen auf den Zuhörer zu übertragen und zu erwarten, dass er genauso denkt. Geschichten mit offenem Ende ermöglichen einen Austausch von Gedanken, die, wie sie auch immer ausfallen, bitte nicht bewertet werden. Wenn wir in einer angenehmen Atmosphäre vorlesen, bietet sich die Gelegenheit, an Reaktionen des Zuhörers teilzuhaben. Er reagiert im Wesentlichen auf der Gefühlsebene, die im Gegensatz zu früher krankheitsbedingt verändert ist.

Grundsätzlich sind unsere Geschichten positiv; manchmal werden Gefühle wie Furcht und Traurigkeit zum Guten hingelenkt. Dabei gibt es überraschende Wendungen hin zur Freude und Zufriedenheit oder zu Harmonie und Einklang mit der Lebenssituation. Gemütszustände sind beeinflussbar, und zwar einfacher als Sie vielleicht denken. (Schauen Sie einmal in einem Buch über Verhaltenstherapie nach!) Da der Demenzkranke das nicht selbstständig leisten kann, müssen wir ihm dabei helfen.

Wie machen wir das? Für Empathie sind die sogenannten Spiegelneuronen verantwortlich. Sie lösen beim Gegenüber ähnliche oder gleiche Emotionen aus, man könnte sagen, sie sind „ansteckend“. Das bietet Ihnen die Möglichkeit, den Zuhörer in eine gute Stimmung zu versetzen: Sie machen ein freundliches Gesicht, Sie lächeln und verstärken Ihre Mimik vielleicht noch mit liebevollen Gesten. Meist bekommen Sie das Gleiche zurück. Das ist der Spiegeleffekt.

Es wäre wunderbar, wenn Sie z. B. bei unseren „Gedankenspielereien“ gemeinsam laut lachen könnten. Dieses Miteinander bietet einerseits dem sensiblen Vorleser Teilhabe an der Welt des Zuhörers und andererseits dem Zuhörer das Gefühl, ernst genommen und akzeptiert zu sein.

Natur und Tiere

Ein Blatt erzählt

Unscheinbar versteckt im tausendfachen Grün habe ich meine Arbeit getan. Zusammen mit meinen Blätterfreunden schaukelte ich fröhlich im Wind. Der Baum hat uns gehalten, jetzt lässt er los, zieht sich zurück. Er braucht Ruhe, um Kraft zu sammeln für das nächste Frühjahr und um Kälte und Nässe der dunklen Jahreszeit zu trotzen. Für uns Blätter ist es Zeit, zu gehen, aber vorher malen wir bunte Herbstbilder in die Landschaft: erst grün, dann gelb, dann rot, dann braun, und manchmal sogar alles zusammen – der Märchenwald.

Am Himmel sammeln sich die Zugvögel und üben für den Flug in den Süden. Die wilden Boten des Herbstes, die Stürme, schütteln die Blätter an den Zweigen und versuchen, auch die Vögel zu stören. Schließlich ist es soweit, ich tanze mit meinen Blätterfreunden den Abschiedsreigen, bis wir im nassen Moos zur Ruhe kommen. Grauer Nebel sinkt feucht und schwer und legt sich auf Sträucher und Büsche.

Ein paar Tage später kommt ein kleines Eichhörnchen mit vollen Backen, huscht hin und her und ich, das kleine braune Blatt, bin das Versteck für seine Walnuss.

Der kleine Hase

Unten am Waldrand, etwas entfernt von der Landstraße, liegt eine Wiese. Ein kleines Bächlein plätschert am Rand vorbei, gesäumt von alten Erlen und Weiden. 1.000 bunte Farbtupfer locken: gelber Löwenzahn, weiße Kamille, blaue Glockenblumen und roter Mohn. Schmetterlinge schaukeln hin und her und wissen gar nicht, wo sie sich zuerst niederlassen sollen.

Der kleine Hase mag das. Träge legt er sich ins Gras.

Eine Lerche steigt nach oben, breitet ruhig ihre Flügel aus, segelt gelassen unter den Wolken, zieht ein paar Kreise und landet dann bei den gelben Butterblumen.

In der warmen Sonne döst der kleine Hase und träumt von einer kleinen Häsin. Er würde so gerne Pfötchen halten mit ihr.

Weiße Wolken ziehen nach Osten, unendlich langsam, und formen doch fantasievolle Bilder, die im stetigen Wechsel immer neu Wunderbares entstehen lassen.

Der kleine Hase wird wach. Ein paar Gänseblümchen sind errötet. Er hatte wohl zu laut geträumt.

Die Kühe haben andere Interessen. Sie grasen mit gelassener Majestät, bis am Abend der Stall ruft.

Den kleinen Hasen stören sie nicht.

Der Schrebergarten

„Betreten des Schrebergartens auf eigene Gefahr!“ Was für eine Gefahr war wohl gemeint? Ich bekam Angst. Was könnte mir Schlimmes zustoßen, wenn ich nun doch hineinginge? Bei näherem Hinsehen entdeckte ich unten auf dem Schild in sehr viel kleinerer Schrift: „bei Schnee- und Eisglätte.“ Ich schaute nach oben, keine Schneewolke in Sicht, dafür ein strahlend blauer Himmel mit vereinzelten Wölkchen. Ein gemalt schöner Vorfrühlingstag. Der Schrebergarten schlief noch. Meine Schuhe liefen leise, um kein Geräusch zu machen.

Gleich am Eingangstor ein blauer Zaun, der auch noch schlief, sonst hätte er sich für die schmutzig-blaue Farbe geschämt. Die Natur wollte ihm wohl richtige Farbe zeigen: ein kleiner Teppich voller aufgeblühter Krokusse. Farbe tut den Augen gut nach den trüben Wochen. Ein Zeichen der Hoffnung! Die Laube konnte nichts sehen, die Fensterläden waren noch vernagelt. Schade, die Sonnenstrahlen hätten sie sicher erwärmt.

In der Nachbarlaube atmete schon etwas Leben: an den Fenstern bunte Gardinen, die Außenfarbe kaum beschädigt, sogar der Weg schon geharkt. Hier freute sich jemand schon heftig auf den Frühling. Gegenüber war der kleine Rasen vollgestellt mit Kinderspielgeräten: das dickbauchige, gelbe Plastikpferd, vom Wind umgeworfen, die blaue Schaufel hatte ihren Halt verloren und lag unbequem auf dem struppigen Gras. Die Schaukel war noch hochgebunden, damit Winterstürme sie nicht mitnähmen. In der geschützten Hausecke wärmten sich Schneeglöckchen, zu weißen Sträußchen zusammengewachsen.

Ich konnte wenig von der Laube sehen, eine stachelige Hecke hatte die Herbstblätter aufgespießt, so braun, als seien sie aus Vollmilchschokolade. Ich erfreute mich in meiner Stille der Farben und der Sonne. Zwei Tauben saßen auf einem Fenstersims: gurrend, schnäbelnd, hüpfend. Das ist der Frühling, die Natur spürt es vor den Menschen.

Der Stein

Meine Schwester, mein Schwager, ihr kleiner Sohn Jörn und ich waren mit dem Auto unterwegs. Einfach so. Wir hatten kein besonderes Ziel. Es war Sonntagnachmittag und wir hatten viel Zeit.

„Da vorne, rechts, da möchte ich hin“, rief plötzlich Jörn und deutete aufgeregt auf einen großen Bagger. Ein etwas holpriger Weg führte zu einem Steinbruch. Er war noch in Betrieb, aber sonntags war natürlich niemand da. Wir umrundeten das große, tiefe Loch und warfen ab und zu ein paar Steine hinunter, bis mein Schwager der Meinung war, dass jetzt ein größerer Stein an der Reihe sei. Er hatte auch schon einen entdeckt: etwa einen Meter im Durchmesser, ganz nah an der Kante. „Der ist doch viel zu schwer, wie sollen wir denn den bewegen?“, gab meine Schwester zu bedenken. Das wussten mein Schwager und ich auch nicht, aber wir waren uns einig. Wir wollten es versuchen.

Ganz ohne Werkzeug erschien das allerdings nicht so leicht. Wir stemmten uns alle gegen den Stein, am meisten der kleine Jörn. Der Stein bewegte sich keinen Millimeter. Mit dicken Ästen aus einem nahen Busch hebelten wir zu zweit, und tatsächlich, etwas Bewegung war zu spüren. Nicht viel, aber wir waren jetzt noch motivierter. Aber erst die Idee, unter dem Stein Geröll und Erde wegzuräumen und ihn dadurch aus dem Gleichgewicht zu bringen, brachte uns wirklich weiter. Steinchen für Steinchen kratzten wir weg, hebelten wieder etwas, kratzten weiter.

Und nach einer Stunde harter Arbeit geschah das Wunder. Der Stein geriet aus dem Gleichgewicht, wippte an der Kante des Abhanges noch einmal hin und her und donnerte in die Tiefe.

Wir waren stolz auf uns.

Herbst

Die Tage wurden kürzer, dunkler, verregneter. Der Wind übte mit heftigen Böen für die kommende Jahreszeit. Er ließ die braunen Blätter tänzeln und manchmal fegte er sie durch die Straße. Auch dürre Äste verloren ihren Halt und landeten verstreut auf dem Boden.

Heute lag unter den alten Kastanien in unserer Straße eine dicke braune Blätterschicht. Auf meinem Nachhauseweg nach der Klavierstunde genoss ich es, hindurch zu stapfen. Ich konnte sogar mit winzigen Schritten einen schmalen Gang durch die Blätterschicht schieben. In Gedanken versunken summte ich zum Rascheln der Blätter das eben noch am Klavier geübte Hirtenlied.

Ich verstummte beim Anblick eines Eichhörnchens am Baumstamm und hielt den Atem an, bewegte mich nicht. Ein zweites kletterte flink auf spiraligen Spuren hinterher. In einer Astgabel schaute das dunklere in typischer Eichhörnchen-Hektik nach rechts und links. Blitzschnell umkreiste es den Baumstamm wieder nach unten. Der Verfolger hinterher. So ging es hinauf und hinunter beim nächsten Baum. Es sah so aus, als ob die beiden Verstecken oder Fangen spielten. Wenn sie sprechen könnten, hätten sie sich bestimmt zugerufen: „Fang mich doch!"

Weg waren sie. Ich konnte wieder weiteratmen.

Winterbeginn

Es war schon Ende Januar und immer noch kein richtiger Winter mit Kälte und Schnee. An jedem Tag war es grau und nasskalt. Die ersten Krokusspitzen streckten sich hellgrün aus der Erde und ließen den Frühling erahnen.

Und dann doch: Strahlend klar und kalt begann der Samstagmorgen. Der kurze Gang zum Zeitungskasten tauchte die Pantoffeln in weiße „Watte“. Es hatte in der Nacht geschneit, lautlos, aber heftig. Der Weg zur Garage lag zugedeckt unter einer weißen Schneeschicht.

Wo war der Schneeschieber? In der Garage, aber wo? Der Rasenmäher machte sich breit. Nach dem letzten Herbstschnitt einfach abgestellt. Dahinter der Schneeschieber, verhakt mit dem Laubrechen. Endlich befreit, kam er gleich zum Einsatz.

Das kratzende Geräusch auf den Steinen zur Einfahrt erinnerte an die Schneeaktionen im letzten Winter. Die Kinder, aufgeregt, sprangen in ihre Hosen und waren in der Garage untergetaucht. Gartenstühle, das Regal mit den Werkzeugen, die große Flasche voller Frostschutzmittel verstellten die Suche nach dem Schlitten. Da, die ersehnte Beute. Mit rostigen Kufen lehnte der Schlitten an der Wand. Die Kinder, mit Gesichtern rot vor Anstrengung und Vorfreude, schoben das Gefährt auf die weiße Straße. „Es ist kalt und Zeit, Mütze und Handschuhe anzuziehen.“ So sind Mütter. Im schönsten Vergnügen finden sie Möglichkeiten zur Unterbrechung.

Nachbarn hatten unsere Winterbegrüßung gehört. Andere Schneeschieber kratzten, Schlittenkufen wurden poliert und weitere Schneekinder sausten über die Straße. So lebte es wieder auf, nach Wochen des nassen Winterschlafes. Schreien, Lachen brachte Leben, und alle machten mit. Schon morgen könnte es ja vorbei sein.

Ein Wellensittich erzählt

Ich heiße Hansi und bin ein hübscher Wellensittich, grün-gelb mit einigen kleinen schwarzen Federn. Ja, ich finde mich hübsch. In meinem Käfig hängt ein kleiner, runder Spiegel. Der zeigt mir, wie schön ich bin.

Im Moment ist es dunkel. Da kommt jemand; ich kann ihn nicht sehen, nur hören. Er zieht das Tuch zur Seite, das abends über meinen Käfig gehängt wird. Es ist Opa Heinrich. Er kommt immer als erster nach unten und macht Feuer im Ofen. Am Abend vorher hat er alles gründlich vorbereitet: zuerst Papier, darauf Anmachholz und zuletzt die Kohlen. Jetzt muss er nur noch das Streichholz an das Papier halten und fertig. Wenn ich fröhlich tschilpe und im Käfig hin und her hüpfe, weiß Opa Bescheid. „Ich weiß, ich weiß", sagt er, „du willst frisches Wasser und neue Körner." Etwas später kommt Oma, freut sich über die jetzt schon gemütlich warme Küche und bereitet das Frühstück. Sie essen Brot, keine Körner wie ich, und trinken etwas Braunes. Mein Wasser sieht ganz anders aus.

Manchmal kommen Käthe und Hugo zu uns. Sie sitzen mit Oma und Opa am großen Esstisch und essen nichts. Jeder hat Karten in der Hand. Sie legen sie immer wieder in die Mitte des Tisches. Auch viele kleine braune Münzen liegen dort. Die interessieren mich besonders, vor allem die, die so hell glänzen. Jetzt muss ich richtig Krach machen in meinem Käfig, damit Opa mich herauslässt. Ich fliege sofort auf den Tisch, renne zu den Münzen, picke eine auf und lasse sie von der Tischkante auf den Boden fallen. Ich schaue hinterher, um sicher zu sein, dass sie auch wirklich unten landet. Dann hole ich mir die nächste, eine nach der anderen. Wenn ich alles erledigt habe, fliege ich zurück in den Käfig auf meine Schaukel.

Katerchen

Als wir vor vielen Jahren, am Rande der Stadt, in ein altes Bauernhaus einzogen, ahnten wir nicht, dass wir auch jede Menge Katzen mit übernehmen würden. Unsere Zwillinge waren damals noch jung, 8 Jahre alt. Unser Hund war noch viel jünger: 10 Wochen.

Wir hatten uns recht bald eingelebt und fühlten uns wohl. Die Katzen nur zum Teil. Trotz guter Fütterung verschwanden nach und nach ein paar. Drei blieben – zur Freude unserer Kinder.

Unser Liebling war Katerchen. Schwarz-weiß, ein Ohr von kleineren Kämpfen gezeichnet und in jungen Jahren schon zahnlos. Man könnte meinen: eine Katze ohne Zähne, halb wild lebend, das geht nicht. Aber Katerchen hatte keine Probleme.

Unsere Kinder liebten die Katzen, unser Hund jedoch weniger. Er hielt Distanz. Er lag gerne an der Terrassentür und schaute nach draußen. Draußen erschien dann häufig Katerchen und genoss die Sonnenstrahlen. Der Hund drinnen, Katerchen draußen, getrennt nur durch das Glas der Terrassentür. So gewöhnten sie sich langsam aneinander. „Da muss doch mehr möglich sein", dachte ich. Sollte ich vielleicht einmal die Tür öffnen? Eines Tages wagte ich es. Was würde jetzt wohl geschehen? Jeder kennt den Begriff „wie Hund und Katze". Gerade diese beiden Gattungen vertragen sich eigentlich nicht so besonders. Ich war auf alles gefasst. Die beiden beschnupperten sich vorsichtig. Gesehen hatte man sich ja schon wochenlang, aber für

Tiere ist der Geruch wichtig. Bei den Menschen war das früher nicht anders, deshalb kennen wir heute noch die Redewendung: „Ich kann dich nicht riechen."

Nachdem wir drei, Hund, Katze und ich, uns einige Zeit behutsam umeinander herumbewegt hatten, war ich mir sicher, dass das Experiment gelungen war. Man mochte sich. Katerchen strich um meine Beine, aber auch um die Beine des Hundes herum. Es machte schon keinen Unterschied mehr, gegen wessen Beine er sich drückte. Manchmal lief er unter dem Hund hindurch und kitzelte ihn dabei. Der Hund machte einen Satz zur Seite – aber alles ging gut. Die beiden waren jetzt Freunde.

Der Wald

Die dunklen Äste wiegen sich im Wind. Weit oben zieht ein Bussard seine Kreise. Ein kleines Rotkehlchen schaukelt auf einem dünnen Zweig.

Ich biege nach links in den schmalen Pfad nah am Wasser, da, wo der Wald noch Wald sein darf. Meist sieht es hier nämlich aus wie in einem Park, sehr gepflegt. Die Wege verlaufen geradeaus, manchmal sogar mit Schotter ausgebessert, eiserne Papierkörbe säumen den Weg, wie am Busbahnhof. Die ordnende Menschenhand ist gut zu erkennen. Zu gut für meinen Geschmack. Der Pfad jedoch schlängelt sich eng an den alten Eichen vorbei, die tief mit ihren Wurzeln im Erdreich Halt suchen.

In den Kronen rauscht der Wind. Büsche stehen so dicht, dass man sie im Vorübergehen fast berührt. Große Spinnen wohnen im Farn. Und da ist es wieder, das Rotkehlchen, fast als würde es mich begleiten. Man sagt, Rotkehlchen suchen gern die Nähe des Menschen. Nur nicht zu nah. Wenn mein Abstand sich auf vier bis fünf Schritte verringert, huscht es davon. Vielleicht ist es nur neugierig und will nachsehen, wer ich bin und was ich in seinem Revier suche. Es ist still hier, selbst das Rotkehlchen sagt nichts. Oder hat es mir doch etwas mitgeteilt?

Ich gehe immer wieder gerne in unseren Wald. Oft bin ich mit Sorgen hinein- und befreit wieder herausgekommen.

Urlaub

Der erste Ritt

Wir machten Urlaub in den Bergen, mein Freund Uwe und ich. Heute wollten wir zu einem kleinen See, der etwas abgelegen in einem Seitental lag. Tagelanger Regen hatte die Wege schlammig und für Autos nicht mehr befahrbar gemacht. Darum mussten wir unsere Fahrzeuge auf einem Bauernhof am Eingang des Tals stehenlassen und auf Pferde umsteigen. Ich war nicht einverstanden mit dieser Lösung, weil ich noch nie auf einem Pferd gesessen hatte, aber was sollte ich machen?

Meinem Freund und mir und ein paar weiteren Reisenden wurden die Pferde gebracht – und das war auch alles. Keine Erklärung, wie man das Tier „bedient". Wahrscheinlich konnten wir froh sein, dass wenigstens ein Sattel dabei war. Alle anderen hatten anscheinend keine Probleme. Sie waren schon fast vom Hof, als ich gerade oben auf dem Pferd saß. Wo war der Anlasser? Ich wackelte vor und zurück, so wie man als Kind versucht hatte, dem Bollerwagen noch etwas Schwung zu geben, wenn er schon fast stand. Das Pferd tat so, als würde es nichts bemerken und als würde der Grasbüschel am Rand interessanter sein als ich.

Da kam ein kleiner Junge angelaufen. Er hatte als einziger meine Not erkannt. Mit den Fersen sollte ich nach hinten treten in den Bauch des Pferdes. Ist das nicht Tierquälerei? Na, mein vierbeiniges Gefährt setzte sich jedenfalls in Bewegung. Vom Hof runter nach rechts – dachte ich, in dieser Richtung waren die anderen verschwunden. Mein

Pferd dachte anders: es ging geradeaus. Verdammt, wo kann man denn hier lenken? Hektische Körperverrenkungen halfen nicht. Zum Glück kam Uwe zurückgeritten. Er hatte gemerkt, dass etwas nicht stimmte. „Hast du Schwierigkeiten?“, fragte er überflüssigerweise. „Nein, ich nicht. Das Pferd.“

Fußball in Italien

Wir trinken gerne Espresso und Cappuccino. Da ist Italien natürlich ein Traumreiseland. Egal in welche Eisdiele oder Cafeteria man geht – es gibt nur zwei Sorten Kaffee: guten und sehr guten. Wir hatten viele Möglichkeiten, das auszuprobieren und taten das auch ausgiebig.

Am Mittwoch war dafür allerdings keine Zeit. Borussia Dortmund spielte international. Das Spiel wurde live im Fernsehen gezeigt – aber welch ein Lärm herrschte im Hotel. Die Italiener interessierten sich wohl nicht für Fußball und hatten auch kein Verständnis für deutsche Fußballfans. Es war die bekannte, typisch italienische Lautstärke. Da gab es nur eine Möglichkeit: Wir mussten dagegen halten und stellten den Fernseher lauter. Es half. Der erste italienische Tisch wurde geräumt. Wir jubelten. Der zweite Tisch, besetzt mit sieben temperamentvollen Italienern jenseits der 70, ließ sich nicht beeindrucken. Sie übertönten problemlos unseren Fernseher, und der hatte schon eine Lautstärke erreicht, die uns selber unangenehm war.

Die Dortmunder taten sich schwer. Zwei Großchancen wurden vergeben. Wie sollen sie sich bei diesem Lärm auch konzentrieren? In einem Nebenraum saß ein einsamer italienischer Gast vor einer fünf Quadratmeter großen Leinwand und schaute sich die Wiederholung eines uninteressanten Spiels der italienischen Liga an. Seine Gehhilfen lagen vor ihm auf dem Tisch, und er war mit sich und der Welt zufrieden. Wir aber nicht. Die Hotelleitung, auf dieses Problem angesprochen, erklärte etwas hilflos: „Wohnte schon fast ganze Jahre hier. Schwierige Persone." Man möchte den Mann lieber nicht stören und vielleicht einen wichtigen Gast verlieren. Meine Frau kann ein paar Brocken italienisch. Sie traute sich heute – sonst ist sie nicht so mutig – und sprach sehr freundlich mit dem alten Herrn. Zu unser aller Erstaunen erklärte der Gast sich sofort und gerne bereit: „È eguale, si, si, si." Er hat noch mehr gesagt, aber das haben wir nicht verstanden. Na, also. Warum nicht gleich so?

Rotschuo

Christian langweilt sich. Er hat zwei Wochen Urlaub. Eine Reise mit seinem Freund ist ins Wasser gefallen. Felix konnte nicht weg aus der Firma. Was soll er alleine machen? Christian ist kein Einzelgänger, er ist gerne mit anderen zusammen. Er hatte sich so auf die Reise mit seinem Freund gefreut. Jetzt hängt er so richtig durch.

Das bemerkt auch seine Mutter. Sie holt Kuchen und setzt sich dann mit ihrem Sohn an den Tisch.

„Fahr doch allein", rät sie ihm.

„Wie denn?"

„Na, mit deinem neuen Roller natürlich."

„Hm."

Christian wird nachdenklich. Im Sommer ist er 18 Jahre alt geworden und hat sich einen Motorroller gekauft, eine Vespa. Mit dem Roller im Oktober nach Italien? Über die Alpen? Aber was ist die Alternative? Zu Hause langweilen!

Ängstlich ist er nicht, also packt er ein paar Dinge zusammen. Seine Mutter besorgt einige Lebensmittel, und am nächsten Morgen fährt er los. Aber nur 50 Kilometer, dann bleibt plötzlich der Roller stehen, auf der Autobahn. Der Motor geht einfach aus und lässt sich nicht mehr starten. Zum Glück ist es nur die Zündkerze. Christian reinigt sie, und nach einer halben Stunde fährt er weiter.

Der kürzeste Weg nach Italien ist über den St. Gotthard. Oben liegt Schnee, aber die Vespa schafft das. In den Jugendherbergen, in denen Christian übernachtet, sind nur wenige Gäste um diese Jahreszeit. In Rotschuo, einem kleinen Ort in der Schweiz, ist er sogar der einzige.

Christian kommt abends dort an, es ist schon dunkel. Die Jugendherberge liegt etwas unterhalb der Straße. Von oben kann man aufs Dach schauen. Der Jugendherbergsvater zeigt ihm kurz alles, dann ist er allein.

„Miau." Was war das denn? Tatsächlich, da kommt eine Katze um die Ecke. Sie streicht um seine Beine, wohl wissend, dass es um diese Zeit meist etwas zu essen gibt.

Beim Abendessen sind es dann acht Katzen, die im Halbkreis um den Tisch herum sitzen und auffordernd maunzen, manchmal auch im Chor. Sie essen alle mit, wahrscheinlich mehr als Christian. Er freut sich über die Gesellschaft.

Skiurlaub

Wir drei Geschwister wollten mit unseren Lebensgefährten, die sich noch nicht kannten, zum Wintersport. Was für eine Idee! Wir trafen uns am Comer See in Marcellos kleinem, schlichten Hotel direkt am Ufer. Marcello war ein Freund meines älteren Bruders und ein sehr guter Koch.

Das Zusammentreffen der „Unbekannten" gestaltete sich angenehm locker und harmonisch. Das Wetter spielte mit. Unten am „Lago" lag bereits Schnee, oben in den Bergen erst recht.

Wir waren sehr unterschiedliche Skifahrer. Meine Brüder und Christina beherrschten die roten Pisten. Helen und ich waren Anfänger und trauten uns nicht einmal mit dem Kinderlift auf den kleinen Anfängerhang. Also kämpften wir uns mit Skiern ein kleines Stück den Berg hinauf, schauten uns bei den abfahrenden Kindern den Schneepflug ab und versuchten, es ihnen nachzumachen.

Es gelang uns von Mal zu Mal besser. Ein Glücksgefühl schlich sich bei uns ein. Wir wurden ein wenig übermütig.

„Sieh mal", rief Helen und sauste an mir vorbei – über einen Buckel, und plötzlich steckten zwei Skier und Helen im Schnee. Helens rote Mütze lag daneben. Ich glitt vorsichtig, mit wackeligem Schneepflug zur Unfallstelle.

Helen erhob sich und klopfte den Schnee aus ihrem Gesicht und von Armen und Beinen. Offensichtlich war alles heil geblieben. Wir lachten beide sehr erleichtert.

Die rote Mütze mussten wir noch aufheben.

Italien

Wieder einmal eine Busreise in den Osterferien. Dieses Mal hat es uns böse erwischt. In der Anzeige stand: Reisedauer acht Tage, fünf Übernachtungen. Wir hatten uns nichts dabei gedacht – hätten wir aber tun sollen. Die An- und Abreise war jeweils nachts. Ohne Not, auch tagsüber wäre die Fahrt möglich gewesen, Zeit genug war da. Schlafen während der Fahrt konnten wir kaum. Zwei Frauen hinter uns erging es ebenso. Sie quasselten unentwegt die ganze Nacht so laut, dass wir hören konnten, was wir gar nicht wollten.

Aber irgendwie überstanden wir die Fahrt nach Italien und ab jetzt wurde es besser. Das Hotel lag direkt am Meer. Links konnte man eine kleine Felseninsel sehen, dicht bewaldet mit einem alten Kloster auf der Spitze. Es gab nicht viel Wind, trotzdem rollte Welle auf Welle Richtung Land. Gelegentlich war eine etwas höher als die anderen, der Kamm brach und das Wasser schäumte den Strand hinauf.

Am letzten Tag unseres Aufenthaltes bummelten wir noch ein wenig durch den kleinen Ort. Ein Blick in den wolkenverhangenen Himmel verhieß nichts Gutes. Tatsächlich begann es nach einer Stunde auch zu regnen. Das störte uns nicht besonders, wir hatten Schirme dabei. Auf dem Rückweg ins Hotel hatte sich eine der beiden Quasseltanten, die uns auf dem Hinweg die Nachtruhe geraubt hatten, unter ein Vordach geflüchtet. Sie bat uns um Schirmschutz. Was sollten wir machen? Am liebsten hätten wir „Nein“ gesagt. Etwas widerwillig nahm meine Frau sie mit unter ihren Schirm. Vor dem Hotel angekommen, bedankte sich unsere Mitreisende überschwänglich: „Das kann ich ja gar nicht wieder gutmachen.“ „Doch“, nahm meine Frau die unbeabsichtigte Steilvorlage auf, „das können Sie. Reden Sie auf der Rückfahrt in der Nacht bitte etwas leiser und vielleicht auch etwas weniger.“

Das hatte wohl gewirkt. Die Rückfahrt war traumhaft ruhig, so ruhig, dass uns die beiden hinter uns schon fast wieder ein wenig Leid taten.

Hobby und Beruf

Der Fußballfan

Axel geht gerne in die Kneipe an der Ecke. Dort findet er immer jemanden, mit dem er einen Schwatz halten kann. Auch heute ist er wieder da. Hörbar schlürft er seinen Kaffee. Er ist 72, lebt allein und möchte ab und zu gern unter Menschen sein. An einem Nachbartisch entdeckt er einen Mann mit einem blau-weißen Schal: ein Schalke-Fan. Axel trägt seinen Schal heute nicht. Er hat sich am Samstag so über die Niederlage seiner Mannschaft geärgert, dass er jetzt den grauen Schal umgebunden hat. Er kommt mit dem Schalke-Fan ins Gespräch:

„War wohl nichts am Samstag, da hätten sie ruhig gewinnen können, so ein Mist."

„Na, na, nun mach mal halblang. Nächste Woche wird das wieder."

„Aber ausgerechnet gegen Dortmund."

„Die letzten Wochen waren schon anstrengend. Immer mittwochs und samstags spielen, das schlaucht."

„Ach hör doch auf! Andere müssen jeden Tag acht Stunden arbeiten."

„Zwei verletzte Spieler haben gefehlt, die für das Aufbauspiel nach vorne wichtig sind. Und der Müller muss sich erst noch an das Spielsystem der Mannschaft gewöhnen."

„Hmh."

Allmählich wird Axel doch nachdenklich. Erst einmal sagt er nichts. Er hat fast ein schlechtes Gewissen. Aber eines war klar: Ab morgen würde er wieder den blau-weißen Schal tragen.

Die Fankurve

Endlich Wochenende. Der öde Job, langweilig, und der Vorarbeiter hat dauernd etwas zu meckern. Außerdem gibt es viel zu wenig Geld. Matthias ist genervt: „Warum verdienen andere so viel mehr als ich? Na gut, ich habe keine Lehre, aber was die anderen können, kann ich schon lange."

Gut, dass heute Samstag ist. Samstag heißt Fußball und sonst gar nichts. Bayern gegen Hertha.

Zusammen mit ein paar Freunden, Klaus aus seiner Firma, Michael und Tobias, die beide arbeitslos sind, und Uwe, fährt er zum Stadion – mit der Straßenbahn, damit man unterwegs schon mal ein erstes Bier trinken kann. Eine Stunde vor Spielbeginn kommen sie an. Ein paar Tausend Fans stehen schon in der Kurve und stimmen die ersten Fangesänge an. Dann klingt aus dem Stadionlautsprecher „You never walk alone", die Krönung aller Fußballhymnen. Matthias hat eine Gänsehaut, wie jedes Mal bei diesem Song.

Hier ist niemand, der ihm sagt, was er tun muss, wie in der Firma. Keiner macht ihm Vorhaltungen wegen seines Schulabbruchs. Hier sind alle gleich. Alle fühlen so wie er. Sie singen mit ihm, jubeln zur gleichen Zeit, wenn ein Tor fällt, sind enttäuscht, wenn der Ball daneben geht und pfeifen bei einem Foul des Gegners.

Er ist einer von ihnen und alle sind wie er. Es interessiert niemand, dass er Hilfsarbeiter ist und wenig verdient.

Klaus-Bärbel

Gemeinsam mit ein paar Freunden fahre ich nach Kiel. Wir haben eine kleine Segeljacht, die nun im März wieder vorbereitet werden muss für die Saison. Im Winter hat sie gut verpackt an Land gelegen, damit sie keinen Schaden nimmt bei Sturm und Eis.

Es regnet leicht, graue Wolken verdecken die Sonne, es ist kalt und windig. Kein Wetter, um draußen am Boot zu arbeiten, aber wir können es uns nicht aussuchen. In dieser Jahreszeit ist es meist nicht viel besser. Wir haben gerade die Plane vom Boot gezogen, da kommt Horst, ein Freund, der hier in Kiel lebt. „Hallo", begrüßt er uns laut, „jetzt geht's los. Ich habe noch jemand mitgebracht, der uns helfen will. Das ist Klaus-Bärbel." Er zeigt dabei unmissverständlich auf seinen Begleiter, und das ist klar zu erkennen, es ist Klaus und nicht Bärbel. Wir sind etwas verwundert, aber sagen erst einmal nichts. Horst ist Rechtsanwalt, also jemand, der eigentlich wissen sollte, dass man für Beleidigungen verklagt werden könnte.

Klaus-Bärbel ist im Rentenalter, hatte früher selber ein Boot und wollte mithelfen. Er hoffte, dass wir ihn später in der Saison beim Segeln mitnehmen würden. Warum nicht?

Wir hatten genug geredet und uns über merkwürdige Vornamen gewundert, jetzt wurde gearbeitet. Zwei von uns reinigten die Abdeckplane und legten sie dann ordentlich zusammen. Ich kletterte mit Klaus-Bärbel an Deck. Wir begannen damit, die Holzteile abzuschleifen, um sie später zu lackieren.

„Kannst du lackieren?“, fragte ich ihn.

„Klar, hab‘ ich bei meinem Boot immer allein gemacht.“

„Warum hast du dein Boot verkauft?“

„Ich brauchte Geld.“

„Sag mal, warum nennt Horst dich eigentlich Klaus-Bärbel?“

„Das ist eine längere Geschichte. Damals hatte ich eine Freundin. Die hieß Bärbel ...“

Schreiben

Es war schon immer mein Traum: Ich wollte schreiben. Es musste ja nicht gleich ein Roman sein.

„Traust du dir das denn zu?“, fragte mich mein Freund.

„Nein, eigentlich nicht. Aber ich mache es trotzdem.“

„Was willst du denn schreiben?“

„Kurzgeschichten. Lange kann ich nicht.“

„Will denn jemand lesen, was du schreibst?“

„Wahrscheinlich nicht, aber das ist mir egal.“

„Willst du nur Geschichten schreiben oder auch etwas anderes?“

„Auch etwas anderes. Ich habe es schon ausprobiert. Es wirkt gut gegen meine Ängste. Ich beschreibe meine Gefühle. Immer nur ein wenig, so ähnlich wie Homöopathie. Jedes Mal wenn ich schreibe, geht es mir besser.“

„Willst du das veröffentlichen?“

„Nein, das mache ich nur für mich allein. Auch die Geschichten schreibe ich nur für mich. Es macht mir einfach Spaß. In der letzten Woche hatte ich Kopfschmerzen und keine Lust zum Schreiben, auch keine Lust auf etwas anderes. Du weißt schon, so eine Situation, in der du dich richtig schlecht fühlst. Da ich aber unterwegs war und in einem Café auf meine Frau warten musste, begann ich vor Langeweile einfach zu schreiben. Es ging – trotz Kopfschmerzen. Und als meine Frau nach einer Stunde kam, ging es mir fast schon wieder gut.“

... und wenn ich groß bin, werde ich Schriftsteller.

Wie kommt Fritz zu den Fischen?

Eigentlich muss es ja heißen: Wie kommen die Fische zu Fritz? Es war nämlich so: Fritz, 30 Jahre alt, verheiratet, hatte eine Schwester, und die hatte einen Nachbarn mit einem Aquarium, der eines Tages keine Lust mehr hatte auf Fische. Er suchte jemanden, dem er seine Fische samt Aquarium schenken konnte. Fritz war begeistert und übernahm alles.

Zwei Jahre später kam die Scheidung, und da konnte Fritz keine Fische mehr gebrauchen. Er führte jetzt ein anderes Leben: viel unterwegs, heute hier und morgen da, da war keine Zeit für die Fische. Auch er musste sie abgeben. Sein Interesse jedoch blieb.

20 Jahre später lebten seine alten Träume wieder auf. Fritz sah eine Anzeige in der Zeitung. Der Aquarianer Verein Duisburg veranstaltete eine sogenannte Börse für Zierfische. Hier konnte man herrliche Buntbarsche kaufen. Fritz war begeistert. Inzwischen war er wieder sesshaft, verheiratet, hatte Kinder und ein Büro im Haus. Eigentlich eine gute Möglichkeit, sein altes Hobby wieder aufleben zu lassen. Er kaufte zwar nicht, aber er knüpfte Kontakte. Zwei Wochen später klingelte das Telefon. Jemand hatte seine Zierfischzucht eingestellt und wollte alles verkaufen. Fritz schlug zu: 30 Becken mit allem Zubehör wie Regale, Filter, Pumpen, Heizungen und vieles mehr. Zu Hause wurde alles im Heizungskeller aufgestellt, weil dort eine gleichmäßig warme Temperatur herrschte. Fritz wollte nämlich Warmwasserfische züchten.

Die bekam er dann bei den Duisburger Fischfreunden. Ausschließlich Buntbarsche: rote für das erste Becken, blaue für das zweite und grau-gelbe für das dritte. Später kamen noch andere hinzu. Dann begann die Zucht. Alle Buntbarsche waren Maulbrüter, d.h. das Muttertier behielt die Eier im Maul, bis die Jungen schlüpften. Und das dauerte drei bis vier Wochen. In dieser Zeit fraß der Fisch nichts. Er magerte deutlich ab, aber das war normal. Kurz bevor die jungen Fische schlüpften, musste man gut aufpassen. Das Muttertier wurde in ein separates Becken gesetzt, um zu verhindern, dass die anderen Fische die Jungen fraßen. Dann war es so weit. Die Jungen schlüpften. Etwa 100 junge Fische schwammen um die Mutter herum.

Das Ganze hatte die Form einer Kugel. Bei Gefahr konnten die jungen Fische sofort wieder in das Maul der Mutter zurückschwimmen. Zwei Tage später wurde die Mutter dann wieder zu den anderen Fischen in das Hauptbecken zurückgesetzt.

Die Jungen konnten sich jetzt allein entwickeln. Fünf Mal am Tag gab es Futter. Ein paar Wochen später begann der erste Fisch sich allmählich bunt zu verfärben – es waren ja Buntbarsche.

Der Fischer

Ole reibt sich verschlafen die Augen. „Viel zu früh", denkt er, „aber hilft ja alles nichts, ich muss raus aus dem Bett." Ein Blick aus dem Fenster zeigt dicke Wolken, die viel zu schnell nach Osten jagen. Regentropfen klatschen gegen die Scheibe. „Vielleicht ist es nur ein Schauer", hofft Ole. Er nimmt den Südwester, steigt in die Gummistiefel und geht vornübergebeugt gegen Wind und Regen zum Hafen hinunter. Sein Fischerboot zerrt an den Leinen, Klaas ist schon an Bord.

„Moin."

„Moin, moin."

„Schiet Wedder."

Klaas macht die Leinen los und sie fahren aus dem Hafen. Draußen erwartet sie eine raue See. Weiße Schaumkronen überall. Das Stützsegel dämpft das Rollen des Bootes. Zwei Seemeilen vor der Küste knapp über der Warders Bank lassen sie das Netz ins Wasser und laufen mit leichter Fahrt an der Kante der Bank entlang. Jetzt ist die Gelegenheit, in der kleinen Kajüte einen heißen Kaffee zu trinken. Ole nimmt drei Stück Zucker. Das macht er immer. Damit der Kaffee nicht zu süß wird, rührt er nicht um.

Bald ist die Pause vorbei und die Netze müssen eingeholt werden. Ole steht an der Winde, Klaas am Schanzkleid, um das Netz in Empfang zu nehmen. Plötzlich hebt eine besonders große Welle das Boot an und drückt es gefährlich weit zur Seite. Klaas verliert den Halt und rutscht über das nasse Deck. Er versucht sich noch an der

Reling festzuhalten, kann aber nicht verhindern, dass er über Bord geht. Mit einer Hand erwischt er gerade noch das Netz, das schon zur Hälfte eingeholt war und hängt jetzt an der Bordwand. Ole blockiert sofort die Winde und packt Klaas mit beiden Händen am Kragen seines Ölzeugs. Klaas zieht sich am Netz nach oben und schafft es mit letzter Kraft, ein Bein über das Schanzkleid zu schwingen. Beide stürzen an Deck. Geschafft.

Hier an der Küste macht man nicht viele Worte wegen so eines Vorfalls. Klaas zieht sich trockene Kleidung an und dann wird weiter gefischt. Vergessen wird er den Vorfall aber nicht.

Der Handschuh

Ein grauer, halbdunkler Morgen, kurz vor sechs Uhr. Ich war nicht richtig ausgeschlafen. Das Stahlwerk mit seinen schwarzen Toren wirkte auch nicht gerade einladend.

„Hallo Gerd." „Hallo Frank." Wir machten zusammen eine Lehre bei Berghaus und Sohn. Der Pförtner war schon hellwach. Er beugte sich aus dem Fenster seines kleinen Häuschens, rechts vorne am Tor. „Guten Morgen, ihr beiden. Ihr sollt heute zu Adolf Grünke an die Presse."

Uns war es recht; in der Lehrwerkstatt war es meist langweilig. Wir schlossen unsere Spinde auf, tauschten unsere Jeans gegen den „Blaumann" und unsere Turnschuhe gegen die Arbeitsschuhe und meldeten uns bei Grünke. Lange, dürre Gestalt, hageres Gesicht, grauer Meckischnitt. Er erschien uns viel zu ernst. Dadurch wurde unser kreativer Unsinn geweckt. Als Grünke ins Meisterbüro ging, um die neuen Zeichnungen zu holen, nahmen wir einen alten Handschuh und legten ihn unter die Presse. Diesen zerfetzten Handschuh zeigten wir Grünke, als er wieder zurück war und gaben uns Mühe, etwas erschrocken zu wirken. Unsere schauspielerische Leistung war wohl überzeugend. Grünke wurde blass und schaute sich unsere Hände an. Erst nahm er meine Hand, strich sacht darüber, dann die Hand von meinem Freund: „Habt ihr euch verletzt? Nein. Da habt ihr aber Glück gehabt." Er war wirklich besorgt. Schließlich hatte er für uns Lehrlinge die Verantwortung. Wir waren von seiner

Reaktion überrascht. Das hatten wir nicht erwartet, von diesem scheinbar emotionslosen Menschen. Jetzt meldete sich unser schlechtes Gewissen. Wir gestanden ihm unseren Scherz.

Der Zeitungsmann

„Ich habe Halsschmerzen“, eine weinende Kinderstimme unterbrach die Nacht um fünf Uhr. „Komm, leg dich zu mir, Wärme ist immer gut.“ Die Mutter rückte und machte Platz für Edith. Wärme tut gut, aber heilt keine Halsschmerzen. „Du gehst heute Morgen nicht in die Schule.“ „Auch nicht zur Mathearbeit?“, fragte Edith. Aha, das könnte auch ein Grund sein für die plötzliche Halsentzündung! „Nein, lass uns noch schlafen, dann sehen wir weiter.“ Der Schlaf legte Ruhe über Edith, ihren Hals und die Eltern.

Am späteren Vormittag waren die Beschwerden deutlich geringer als in der Dunkelheit. Edith frühstückte im Hausanzug: warm und bequem, der rote Schal brachte Farbe in ihr müdes Gesicht. Mutter war in der Waschküche, als es an der Haustür klopfte. Edith öffnete. Da stand ein Mann, den sie noch nie gesehen hatte. „Ich bin euer Zeitungsmann. Ich komme, um für den letzten Monat zu kassieren. Ist deine Mutter da?“ Edith rief ihre Mutter und bat den Mann herein. „Du kennst mich nicht, obwohl ich jeden Morgen die Zeitung zu euch bringe. Aber schon um fünf Uhr, damit dein Vater und viele andere vor ihrem Dienst die wichtigsten Nachrichten lesen können.“

„Tragen Sie denn die Zeitungen ganz alleine aus? Das ist doch ein Riesenpaket und ganz schön schwer“, fragte Edith. „Ja, da hast du wirklich recht. Ich habe mir einen kleinen Fahrradanhänger gebaut, und die Seitentaschen mache ich auch noch prallvoll.“ Vor der Haustür schaute

Edith sich das Gespann an und konnte gerade noch sehen, wie es die Stabilität verlor. Es neigte sich zur Seite. Ralf, so hieß der Zeitungsmann, stürzte mit einem Sprung auf das Rad und konnte es gerade noch halten. Die Fracht hätte nass werden können, denn eine Pfütze wartete auf die Zeitungen. Beinahe schief gegangen! Die Nachrichten wären fast ins Wasser gefallen.

Goldene Hände

Sein neuer Auftraggeber hatte ein altes Bauernhaus gekauft, Baujahr 1850. Jetzt musste es renoviert werden. Viel Arbeit für Tomek. Er war selbstständiger Handwerker, schon über 60 Jahre alt und dementsprechend erfahren.

„Altes Haus, alter Mann“, dachte er, „das passt.“ Tomek konnte hervorragend improvisieren. Er ersetzte defekte Teile nicht immer durch neue, sondern versuchte zuerst, sie zu reparieren.

Es war Februar, kalt und regnerisch, so konnte man nur drinnen arbeiten. Er hatte einen Einbaukleiderschrank gebaut, jetzt sollten alte Griffe montiert werden. Aus früheren Aufträgen hatte Tomek alles gesammelt, was nicht mehr gebraucht wurde. Er warf nichts weg. „Man weiß ja nie, was noch kommt“, dachte er. Drei Griffe brauchte er, zwei waren in Ordnung, aber einer war defekt und ließ sich nicht mehr drehen. Eine Reparatur war nicht mehr möglich und neu kaufen kam nicht in Frage. Diese modernen Griffe passten nicht zu dem alten Haus. Also musste mit dem Werkzeug, das ihm zur Verfügung stand, ein neuer Griff gebaut werden. Tomek spannte die Bohrmaschine in den Schraubstock, das war der Ersatz für die Drehbank. In der Garage fand er ein altes Stück Messing, etwa ein Zentimeter dick und rund. Das spannte er in die Bohrmaschine und ließ sie laufen. Mit zwei Feilen, die er mit Druck gegen das Werkstück hielt, brachte er es in Form. So entstanden nach und nach die Konturen eines Türgriffes.

Später konnte niemand unterscheiden, welche beiden Griffe alt und welcher neu war. Diese außergewöhnliche Herstellung, ebenso wie viele andere ähnliche Tätigkeiten, brachten Tomek den Ruf, „goldene Hände“ zu haben.

Lehrwerkstatt

Klaus hatte nicht gut geschlafen in der letzten Nacht. Immer wieder musste er daran denken, wie wohl der morgige Tag verlaufen würde. Zum Frühstück trank er nur eine Tasse Tee, nach Essen war ihm nicht.

Dann war es so weit. Er ging durch das große eiserne Tor der Gießerei Wollenweber. Der erste Tag seiner Lehre. Der erste Schritt in das Berufsleben. Es war noch dunkel, die großen schwarzen Hallen links und rechts leiteten ihn schattenhaft zur Lehrwerkstatt, die direkt am Zaun zum Nachbargelände lag. Der Lehrmeister machte keine großen Worte zur Begrüßung, sondern erklärte ihm und den neun anderen Lehrlingen gleich die erste Aufgabe: Schraubstock, Feile und ein Stück Eisen, etwa einen Zentimeter dick. Dieses unförmige Teil sollte zu einem Quadrat gefeilt werden. Gab es denn hier keine anderen Werkzeuge? Mit der Feile würde das ja ewig dauern. So war es dann auch. Drei Stunden, nur unterbrochen von einer kurzen Frühstückspause, quälte Klaus sich verbissen an dem Werkstück. Aber das Ergebnis war zufriedenstellend. Der Meister lobte ihn. Als nächstes sollten sie aus einem länglichen Stück Stahl ein S formen – nur mit einem Hammer. Wie sollte das denn funktionieren?

Der Meister zeigte es ihnen. Durch das Schlagen mit dem Hammer auf eine Seite des Flacheisens, so hieß das Werkstück, wurde diese Seite länger. Indem man jetzt abwechselnd mal auf die eine und dann auf die andere Seite schlug, entstand tatsächlich ein S. Es war nicht ganz so wie gemalt, aber Klaus hatte das System verstanden. Zur Belohnung durften die Lehrlinge gegen Ende der Arbeitszeit etwas für sich selber herstellen, jeder so, wie er wollte. Klaus machte sich ein Messer.

Um vier Uhr war Schluss. Klaus schwang sich beflügelt auf sein Fahrrad und fuhr pfeifend nach Hause. Der erste Tag war gut verlaufen, der Meister hatte ihn gelobt. Klaus war stolz auf sich.

Peng! Das war der Reifen. Das Messer war aus der Tasche gerutscht und hatte den Reifen zerschnitten.

Zu früh gefreut.

Familie

Bratkartoffeln

Herrmann und Willi treffen sich jeden Tag nach dem Mittagsschläfchen auf ihrer Bank im Park. Sie erzählen sich alles, was ihnen so in den Sinn kommt: Lustiges und Trauriges, Blödsinn oder auch Ernstes. Heute hat Willi viel zu erzählen.

„Denk dir, Herrmann, ich kam heute nach Hause, da stank es ganz fürchterlich aus der Küche. Meine Mia kam mir mit roten Backen entgegen. ‚Was ist mit dir los?‘, fragte ich, ‚und woher kommt der Gestank?‘ Als ich in der Küche auf den Herd schaute, sah ich die Bescherung. Die Bratkartoffeln waren angebrannt und lagen rabenschwarz unter einem Deckel in der Pfanne. Ich hatte großen Hunger und wollte gerade anfangen, richtig wütend zu werden. Da kam Mia lächelnd auf mich zu, nahm meinen Arm und führte mich ins Wohnzimmer. ‚Schimpf nicht, das kann jedem passieren. Wie gut, dass ich von gestern noch Nudeln übrig hatte.‘ Sie zeigte mir die Schüssel auf dem Wohnzimmertisch. ‚Schau, ich habe daraus einen Salat mit Erbsen und Schinken gemacht.‘ Unser Mittagessen war fertig und sah köstlich aus. Es schmeckte auch so. Nur der Gestank blieb für Stunden und erinnerte an das Missgeschick.“

Das Lied mit den Dosen

Es war ein schöner Sommertag. Meine kleine dreijährige Enkelin Alina war für zwei Tage bei mir zu Besuch. Sie war pünktlich zum Frühstück angekommen. Es gab Brötchen mit Butter und Honig – und mit dem am Vortag gekochten Johannisbeergelee. Den Duft meines Bohnenkaffees genoss ich, den Duft des warmen Kakaos genoss Alina. Nach dem Frühstück hängte ich eine Maschine Wäsche auf, die im Sommerwind rasch trocknete. Meine Enkeltochter spielte im Garten mit Mara, ihrer Lieblingspuppe, die nun auch frühstücken musste, ob sie wollte oder nicht.

Als Mara endlich genug gegessen hatte, wollte Alina sich nicht länger mit ihrer Puppe beschäftigen. „Omi, tannst du mir eine Dessichte vorlesen?“ Diese niedliche, kindliche Sprache war leicht zu übersetzen. „Natürlich kann ich dir eine Geschichte vorlesen.“ Wir wählten Paulinchen aus dem Struwwelpeter. So verbrachten wir beide einen ganz entspannten Tag, mit vielen kleinen Annehmlichkeiten. Ich erfreute mich immer wieder, wie unsere Kleine im Alter von drei Jahren sprach.

Nach einer kurzen Gute-Nacht-Geschichte und dem Abendgebet deckte ich Alina mit einer leichten Sommerdecke zu und gab ihr einen Kuss auf die Stirn.

„Omi, sing mir doch noch mal das Lied mit den Dosen.“

Ich überlegte, aber ein Lied mit den Dosen fiel mir nicht ein. Ich musste raten und begann: „Der Mond ist aufgegangen …“

„Nein."

„Abendstille überall ..."

„Nein."

„Guten Abend, gute Nacht ..."

„Das isses Omi, das isses!"

Ja, das war es; es folgte nämlich: „... mit Rosen bedacht." Die „Rosen" waren die „Dosen".

Das neue Haus

Sie hatten viele Jahre unten am Bachweg gelebt, links neben dem kleinen Wäldchen. In diesem uralten Backsteinhaus waren ihre Kinder aufgewachsen. Es war gut hier für Kinder. Sie spielten oft am Bach, ließen Schiffchen fahren und stellten sich vor, wie sie mit an Bord bis zur Nordsee fuhren. Wenn Opa zu Besuch war, bauten sie gemeinsam aus kleinen Stöckchen ein Wasserrad und freuten sich, wenn es sich auch tatsächlich drehte.

Jetzt waren die Kinder groß, Opa gestorben und das Haus musste einer neuen Schnellstraße weichen. Was sollten sie machen? Mit Mitte 60 ein neues Haus kaufen? Eine Wohnung mieten? Oder etwa schon ins Altersheim? Ein Bankgespräch brachte Klarheit: Das neue Haus ließ sich finanzieren. Nur Mut, sagten sie sich. Vor zwei Tagen hatte ein Artikel in der Zeitung gestanden: „Die neuen Alten sind rüstig und abenteuerlustig." Na also! Sie studierten den Immobilienteil der Zeitung, gingen zu einem Immobilienmakler und erzählten allen Bekannten von ihrem Vorhaben.

Nachdem sie viele Häuser besichtigt hatten, fanden sie endlich das richtige. Es hatte einem Bergmann gehört, der aus beruflichen Gründen nach Augsburg ziehen musste. Die Fassade war etwas langweilig grau, aber das Dach hatte rote Tonziegel. Die alten Fenster waren aus Holz, zweiflügelig und außen gab es weiße Schlagläden. In den Garten konnte man nur über die Haustür, so wie es oft bei alten Häusern ist. Das sollte so nicht bleiben. Nach hinten ließen sie eine Terrassentür einbauen, damit sie über das Wohnzimmer ins Freie gelangen konnten. Oft überlegten sie, wer hier in der langen Geschichte des Hauses wohl schon gelebt hatte, und was alles geschehen war: In den Kriegsjahren zum Beispiel oder in den 60er Jahren, als ihre Kinder geboren wurden. Immer wieder mal, in ganz unterschiedlichen Situationen, dachte er: „Wenn das Haus doch nur reden könnte."

Aber es blieb stumm.

Der merkwürdige Parkplatz

Meine Mutter lebte inzwischen allein in ihrem Haus. Es war zu groß für sie, ihre Kräfte ließen langsam nach. Aber sie würde so gerne hier bleiben. Nachdem sie ihr Haus unten an der Sieg aufgeben mussten, hatten sie hier ein neues Zuhause gefunden. Noch einmal umziehen wollte sie nicht.

Den großen Garten hatte sie damals gemeinsam mit meinem Vater angelegt. Sie hatten aus dem Erdreich unendlich viele Steine entfernen müssen, damit der Garten bepflanzt werden konnte. Jetzt waren alle Sträucher groß geworden. Die Rhododendren blühten in Rot, Weiß und Lila. An drei Hausseiten kletterten Rosen die Wände hinauf, üppig blühender Phlox begrenzte die Beete am Haus. Der Rasen war robust, es war eine Wiese zum Spielen für uns drei Kinder früher, jetzt für die fünf Enkelkinder.

Wir alle waren froh, dass meine Mutter dieses Haus noch bewohnte. Es war das Zentrum unserer Familientreffen. Dieses Mal trafen alle an einem Samstagmorgen ein. Die Ersten waren meine beiden älteren Brüder mit Familie. Ich kam leider als Letzte an, obwohl ich mich wirklich beeilt hatte und auf der Autobahn recht schnell gefahren war. Ich parkte vor der Garage, wo es abschüssig war. Rasch griff ich zu unserem Gepäck und zu meinen beiden Kindern.

„Hallo, da bist du ja endlich. Hallo Felix, hallo Arno."

Aus einer anderen Ecke des Hauses kam mein anderer Bruder: „Na, wieder mal die Letzte."

Es war deutlich zu hören, wir liebten uns alle. Meine Mutter bat uns ins Wohnzimmer zu selbstgebrauter Kräuterlimonade mit Minzeblättchen. Wir standen mit den Gläsern in der Hand plaudernd am großen Fenster, genossen den weiten Blick in den Westerwald, bis mein Bruder mich fragte: „Wieso parkst du heute so merkwürdig?" Mein Auto stand gegenüber im Vorgarten des Nachbarn, knapp vor der Haustür. Da hatte ich vor lauter Eile weder die Handbremse angezogen noch einen Gang eingelegt. Unvorstellbar, sowohl das Auto als auch die Haustür waren unbeschädigt!

Glück gehabt, oder macht so etwas auch ein Schutzengel?

Der Wunsch

Auch dieses Mal hatte ich zum Geburtstag keinen Hund bekommen. Ich wünschte mir so sehr einen Cockerspaniel. Meine Eltern wollten es einfach nicht. Sie meinten, ich erfüllte später meine Pflichten nicht. Wenn ich versprach, pflichtbewusst zu sein, spürte ich, dass sie mir nicht glaubten. Sie sagten es aber nicht, sondern argumentierten, dass so ein Hund krank werden könne – und teuer, durch die Besuche beim Tierarzt. „Wir haben früher schon einen Hund gehabt und jetzt wollen wir keinen mehr! Endgültig!“ So hörten sich die Worte meines Vaters an, während er mich mit hochgezogenen, buschigen Brauen leicht genervt ansah. Und Cockerspaniel waren sooo schön. Ich hatte eben noch ein Jugendbuch gelesen, in dem ein Cocker die Hauptfigur war. Schade! Ich musste mir also weiter Nachbars Dackel zum Spazierengehen ausleihen.

Ein halbes Jahr später, wir wollten in den nächsten Tagen unsere Weihnachtseinkäufe machen, fragte mich mein Vater: „Was wünscht du dir eigentlich?“ Nein – ich konnte es ihm nicht noch einmal sagen. Ich wusste doch, er wollte nicht. Er war ganz und gar gegen einen Hund.

„Am allerliebsten einen Hund.“ Da sagte ich es doch. Der Wunsch war so stark, dass sich die Worte ganz von allein ihren Weg suchten. Mein Vater blieb dieses Mal überraschend freundlich. Keine Ablehnung wie sonst. „Schau mal“, er nahm mich bei der Hand und führte mich ins Wohnzimmer. Dort zeigte er mir ein rotes Halsband.

„Lies mal, könnte er so vielleicht heißen?“ „Bessie ...?“, las ich fragend. Während ich es aussprach, kratzte etwas auf dem Parkett hinter dem Esstisch. Mein Bruder hatte ihn nicht mehr halten können. Mir kam ein schwarz-weißer Cockerspaniel entgegen.

Der zerbrochene Spiegel

Es regnet. Die Tropfen rinnen an der Fensterscheibe in der Küche herunter. Irina sitzt gelangweilt davor und beobachtet die Spuren, die die Regentropfen auf die Scheibe malen. Und sie schaut, welcher Tropfen schneller ist als der andere. Da knallt die Wohnungstür. Ihr Bruder kommt von der Schule. „Sollen wir Hockey spielen?“, fragt er. Natürlich! Irina springt auf und holt die Hockeyschläger, zwei gekrümmte Äste, die sie im Wald gesucht hatten. Gregor hat schon den Ball, eine harte kleine Kugel, die früher einmal ein Golfball oder etwas Ähnliches war.

Die Stühle in der Stube bleiben stehen, sie sind die Gegenspieler oder auch die Mitspieler, je nach Spielsystem.

Die Geschwister haben bei schlechtem Wetter schon oft Hockey in der Wohnung gespielt, natürlich ohne ihre Eltern. Immer ging alles gut, heute nicht. Gregor umdribbelt zwei Stühle und seine Schwester Irina, ein harter Schrägschuss von rechts – mitten in den großen Spiegel an der Wand. Er hatte sich in einen Rausch gespielt. Jetzt ist er wieder nüchtern.

Was nun? Die Eltern kommen erst in einer Stunde. Zeit genug, die Schäden zu beseitigen. Aber wie? Die Scherben sind schnell zusammengefegt, bleibt nur noch der Rahmen.

Sie drehen ihn einfach um und hängen ihn verkehrt herum an die Wand. Gar nicht so schlecht. Immerhin ist der Rahmen unbeschädigt. Bleibt nur zu hoffen, dass sich Mutter draußen auf dem Flur den Hut zurechtrückt.

Die Eltern kommen nach Hause. Vater erzählt von einem kleinen Unfall eines Kollegen, der sich zwei Finger eingeklemmt hatte, Mutter bereitet das Abendessen. Auch beim Essen sagt niemand etwas. Leise Hoffnung regt sich bei den Geschwistern, dass sie ohne Konsequenzen davonkommen. Sie gehen auf ihre Zimmer, spielen Karten – nur ja kein Hockey – und haben den Vorfall fast schon vergessen. Da ertönt ein Schrei aus dem Wohnzimmer: „Gregor, Irina!"

Die Kusine

Juni – Geburtstag, ich wurde sieben. Im Frühling hatte mir meine Mutter ein hellblaues Sommerkleid nähen lassen bei einer Schneiderin, die in einem kleinen Fachwerkhaus in der Brückenstraße wohnte. Ich erinnere mich gut an die Anprobe. Es hatte so wunderbar gekitzelt an den Schultern und am Rücken, wenn Frau Stracke, so hieß die Schneiderin, mit den kleinen Nadeln vorsichtig die Nähte absteckte.

Unter dem hellblauen Kleid ein Petticoat, an meinen Füßen weiße Söckchen und hellblaue Schuhe, so wartete ich ungeduldig auf das Klingeln an der Haustür. Meine vier Freundinnen kamen fast gleichzeitig. Sie waren auch schon sieben. Nun fehlte nur noch meine Kusine. Sie war erst sechs. Leider musste ich sie auch einladen. Meine Mutter erklärte: „Du wurdest bei ihr eingeladen, also lädst du sie auch ein."

Da kam sie auch schon. Ein schwarzes, schickes Auto fuhr vor – am Steuer meine Tante. Die war ganz in Ordnung. Ich mochte sie. Aber meine Kusine! Hinten ging die Autotür auf und schon rollte sie heraus, meine Kusine. Sie war nämlich sehr rund. Da stand sie in einem knallroten Sommerkleid. Ein steifer Petticoat machte sie noch fülliger, als sie ohnehin schon war. Ein kugelrundes Gesicht, rote Wangen, leuchtend blaue Kulleraugen und weißblonde Haare, die gekräuselt in alle Himmelsrichtungen abstanden.

„Gratuliere! Was für Torten gibt es? Spielen wir nach

dem Essen? Ich will Vanilleeis. Beim Seilchenspringen bin ich aber Erste.“ Sie passte nicht zu uns. Wir waren genervt. Das Topfschlagen brachte uns aber wieder auf andere Gedanken. Es machte mächtig Spaß. Wir spielten draußen auf der Wiese. Danach gingen wir ins Haus. Ich nahm Topf und Holzlöffel mit hinein. Meine Kusine ging neben mir, da machte sich der Holzlöffel in meiner Hand plötzlich selbstständig – wie ein Zauberlöffel. Er klopfte zweimal auf den mit rotem Kleid und Petticoat verhüllten Po meiner Kusine. Kusine schrie – Tante tröstete sie – Geburtstagskind schaute schuldbewusst zu Boden – Mutter schimpfte fürchterlich – wie peinlich!

Als Erwachsene war meine Kusine für mich eine bewundernswerte, schillernde Persönlichkeit, und wir verstanden uns bestens.

Kalles Tochter

Kalle hat eine neue Arbeitsstelle. Er muss weit fahren, aber die Arbeit macht Spaß und er verdient nicht schlecht.

Dienstagmorgen. Bedeckter Himmel. Es nieselt leicht. Er will gerade zu seinem Auto gehen, da klingelt das Telefon. Seine Tochter. Sie wohnt nach der Scheidung bei seiner Exfrau im Nachbarort und hat mit ihren 14 Jahren ein Matheproblem. Kalle sagt für den Abend sein Kommen zu.

Während der Fahrt kommt er ins Grübeln. Braucht seine Tochter wirklich Hilfe bei schulischen Problemen oder steckt etwas anderes dahinter? Vielleicht Taschengeld? Er weiß bei ihr nie, woran er ist. Er ist so abgelenkt, dass er fast ein Kaninchen überfährt. Gerade kann er noch ausweichen. „Glück gehabt, alter Hase", denkt er und übersieht dabei, dass Hasen lange Ohren haben. Viel längere als Kaninchen.

Vor drei Monaten hatte er mit seiner Tochter Lisa erfolgreich Vokabeln gelernt und eine Englischarbeit vorbereitet. Vor einer Woche hatten sie gemeinsam den Satz des Pythagoras durchgearbeitet.

Während im Autoradio Pink Floyd ertönt, brummt Kalle leise mit. Alte Erinnerungen werden wach. Damals war Lisa noch klein und seine Ehe in Ordnung.

An der Ecke mit der alten Tankstelle, die inzwischen ganz modern aussieht, biegt er nach links ab. Die nächste rechts. Schon steht er vor dem Haus mit den grünen

Schlagläden. 17.15 Uhr, also noch Zeit genug zum Lernen. „Irgendwie auch schön, dass ich meiner Tochter helfen kann“, denkt er. Noch ganz beschwingt von der Musik im Autoradio nimmt er die Stufen bis zur Haustür mit jugendlichen Sprüngen. Er klingelt Sturm. Lisa öffnet. „Papi!“ Ihre Umarmung ist herzlich und heute besonders stürmisch. „Papi, Papi …“, sie unterbricht sich selbst und kann doch nicht bei sich behalten, was sie noch nicht ausplaudern wollte: „Papi, ich habe dich gar nicht zum Üben bestellt, ich habe nämlich die Mathearbeit schon geschrieben und sie ist gut gelungen. Heute will ich mit dir ins Kino gehen.“

Liam geht nach Neuseeland

Am ersten Sonntag im Monat ist Familientreffen. Seitdem sie allein lebt, ein besonderer Anlass zur Freude. Natürlich telefoniert sie häufig mit den Kindern und Enkeln, aber bei einem Treffen kann sie alle sehen, hören, fühlen. Sie backt schon am Samstag den Schokoladenkuchen, den alle so gern mögen. Immer ist da die Idee, einen anderen Kuchen zu backen. Ein Rezept in der Zeitung war verlockend saftig: Stachelbeerkuchen. Der Vorschlag, einen Familiensonntag ohne Schokoladenkuchen zu verbringen, wurde heftig abgelehnt. Für den einen zu sauer, die kleine Mona bekam einen wunden Mund, der andere Magenschmerzen. So blieb es bei dem Schokoladenkuchen.

Heute ein besonderes Gesprächsthema: Liam, der älteste Enkel, fliegt für ein halbes Jahr nach Neuseeland.

„Toll, aber warum so weit?"

„Was kostet überhaupt so ein Flug?"

„Was macht ihr, wenn einmal etwas passiert?"

Die Stimmen werden lauter und heftiger. Eine gemeinsame Meinung ist nicht in Sicht. Nur Liam bleibt gelassen und isst sein drittes Kuchenstück. Auch wenn das Stimmengewirr ihn aufregen könnte, ihn bringen keine Meinungen von seinem Ziel ab. Ein echter Fels in der Brandung vor Neuseeland.

Mein erstes Auto

Hellgrün, mit Faltdach und ziemlich klein, da stand er in unserem Hof hinter dem Haus: der Fiat 500. „Mit dem kannst du jetzt deine ersten Erfahrungen als Autofahrer sammeln. Später kannst du dann auch mit unserem Familienauto fahren." Ich fiel meinem Vater um den Hals. Letzte Woche war ich 18 Jahre alt geworden, vor zwei Wochen hatte ich die Fahrprüfung bestanden. Ein eigenes Auto! Das war ein toller Vater. 200 DM hatte dieses kleine Auto gekostet. Ich gestehe, ich war stolz bei der Vorstellung, am nächsten Tag mit diesem kleinen Flitzer zur Schule zu fahren. Aber zunächst machte ich eine Probefahrt mit meinem Vater als Beifahrer, der bei seiner Körpergröße gerade so in dieses kleine Auto passte. „Kannst du eigentlich mit Zwischengas runterschalten?" In der Fahrschule brauchte ich das nie, jetzt aber schon, sonst würde das Getriebe leiden. Ich wollte es auch – wegen meiner Brüder. Beide waren sportliche Autofahrer, die immer mit Zwischengas fuhren. Möglicherweise konnte ich damit in den Augen meiner Brüder an Ansehen gewinnen.

Von nun an nahm ich morgens meine beiden Freundinnen mit zur Schule, mittags nach Hause, nachmittags zum Tennisplatz oder auch ins Schwimmbad. Das Faltdach ließ sich so weit öffnen, dass wir uns wie in einem Cabrio fühlten. Das Geld für den Unterhalt des Autos verdiente ich mir am Wochenende und in den Ferien in einem Café in unserer kleinen Stadt.

Der November mit kalten Temperaturen kam viel zu schnell. Morgens waren die Scheiben zugefroren. Dass die Heckscheibe nur aus Plastik war und keinen Eiskratzer vertrug, wusste ich nicht. „Krach“ machte es, und sie war völlig zersplittert. Der Preis einer neuen war höher, als der Preis des ganzen Autos. Also wurde die Scheibe mit breitem Klebeband repariert. Es sah scheußlich aus.

Kaum war der Frost vorbei, kam der Regen. So viel, dass mein kleines Auto schlecht ansprang und eines Tages gar nicht mehr.

Schade, aber in Erinnerung bleibt eine Zeit mit viel Spaß.

Mit Opa im Garten

Es gibt Menschen, die haben ein ordentliches Fotoalbum für ihre Erinnerungen, ich hatte eine Keksdose. Die Kekse waren längst gegessen. Ich kann mich nicht erinnern, ob sie gut geschmeckt haben. Wahrscheinlich, sonst wären sie heute noch in der Dose. Ein Foto fiel mir besonders auf: Eine Bank in unserem Garten, auf der mein Vater saß. Ein kleiner Junge von etwa vier Jahren (das war ich) hockte zwischen seinen Beinen auf dem Boden. Direkt hinter ihm saß mein Großvater auf der Lehne, und dahinter stand mein Urgroßvater. Vier Generationen, ordentlich aufgereiht.

Mit meinem Opa war ich häufig im Garten. Beim Umgraben des Kartoffelbeetes hockte ich aufmerksam daneben und wartete auf die Regenwürmer, die beim Graben ans Tageslicht befördert wurden. Sie wurden an unsere Hühner verfüttert, die gackernd darüber herfielen und sich stritten. Manchmal gab es mehr Hühner als Würmer, dann teilte ich die Regenwürmer durch, damit alle etwas abbekamen. Ich hatte einen ausgeprägten Gerechtigkeitssinn. Nach ein bis zwei Stunden schwerer Arbeit machten wir eine Pause. Ich hockte natürlich nicht zwei Stunden daneben und sammelte Regenwürmer, sondern arbeitete mit dem Spaten und der Gabel fleißig mit, so wie es ein Vierjähriger eben konnte. Mein Opa lobte mich. Das tat gut. Also hatte auch ich die Pause redlich verdient. Es gab kühle Buttermilch. Das tat auch gut. Wir setzten uns vor unsere grün-weiß gestrichene Laube. Die quadratischen

Felder eines Rankgitters waren über und über mit bunten Wicken bedeckt. Ein kleines, duftendes Sträußchen nahmen wir für meine Mutter mit nach Hause.

Sonntags

„Am Sonntag will mein Süßer mit mir segeln gehen ...“ Ja, ein Schlager, den vor 60 Jahren alle kannten. Jetzt ist der Sonntag für Klaus und Ulrike anders, bestimmt ohne Segelboot. Seitdem sie Rentner waren, brauchten sie am Wochenende nicht mehr auszuschlafen und taten es dennoch.

„Möchtest du wieder ein Sonntagsei?“, fragte Ulrike und öffnete schon die Kühlschranktür.

„Gern, aber nicht wieder so hart wie am letzten Sonntag.“ Klaus war schon von seinem Morgengang durch den Park zurück, mit der Brötchentüte. Kuno, der Hund, musste schon „Gassi“. Das Ehepaar genoss dieses Frühstück mit vielen Leckereien, bis Ulrike den Stuhl zurückschob. „Es wird Zeit für die Kirche!“ Ein plötzliches Ende dieser schönen Stunde. Sie mahnte ihn zur Eile: „Die warten nicht auf uns.“ „Aber ich breche mir nicht für die Kirche meine Beine.“ Die frische Luft tat gut, beide atmeten tief durch.

Der Nachmittag begann immer mit einem Mittagsschläfchen. Die Tasse Kaffee mit den restlichen, selbstgebackenen Plätzchen leitete fließend über in die Sportschau. Der Fernseher flimmerte, und Klaus war versorgt. Ulrike räumte noch in der Küche – da, ein Aufschrei: „Der Fernseher ist kaputt!“ Tatsächlich: Eine schwarze Scheibe schaute sie an. Klaus drückte heftig auf die Fernbedienung und fluchte dabei. „Meine Sportschau ist weg.“ „Dann wird das Skispringen heute ohne dich stattfinden.“ Der

Fernseher blieb aus, das Schimpfen von Klaus ging weiter. „Ich werde stricken, so wie immer“, sagte Ulrike. Was könnte Klaus an diesem Sonntagnachmittag wohl tun?????

Alltagsgeschichten

Das Floß

Unser Haus stand am Ufer der Sieg. Eine große Kuhweide trennte das Haus vom Fluss. Mindestens einmal im Jahr trat die Sieg über die Ufer. Die Wiese stand dann unter Wasser. Eine Mauer schützte unseren Garten und das Haus vor Überflutung.

Gestern Morgen wurde ich etwas früher wach als gewöhnlich. Ich hatte einen aufregenden Traum: Das Wasser der Sieg holte mich in meinem Zimmer ab und trug mich mit meinem Bett als Schiff mit der Strömung in die weite Welt. Das gefiel mir gut, so auf dem Wasser zu schaukeln. Aber eigentlich wollte ich doch lieber zu Hause bleiben.

Eines Tages hatten die Jungen aus der Nachbarschaft die Idee, ein Floß zu bauen. Sie machten sich sofort an die Arbeit. Bretter, Kanister, alles wurde irgendwie zusammengebaut – und es hielt – und es schwamm. Aber warum gaben die Erwachsenen wieder diese Regel vor: „Nur wer schwimmen kann, darf Floß fahren"? Ich konnte das nicht einsehen, gehorchte aber und sah mir den Spaß der Jungen auf dem Floß vom Ufer aus an. Drüben war ein kleines Wäldchen. Jürgen und Heinz gingen an Land. Mit einer langen Stange blieb Manfred auf dem Floß und hielt Wache. Als es ihm nach einer Weile zu langweilig wurde, machte er den beiden Landgängern Beine: „Ablegen! Los, schnell!" Heinz sprang auf das Floß, es schwankte, Jürgen hinterher. Es schaukelte heftig, er verlor den Halt auf den Brettern und landete im Wasser. Sein Kopf tauchte wieder auf, er spuckte und prustete das Flusswasser in alle Richtungen. Mit aufgeregten heftigen Schwimmstößen erreichte er das Ufer.

Da stand ich mit Herzklopfen am anderen Ufer und wusste nun endlich, was die Erwachsenen meinten.

Das Gesicht

Seit vielen Tagen war das Rohr unter der Spüle feucht. Jetzt gleich beschloss Klaus, es zu reparieren – endlich. Ich wollte den Anstrengungen meines Mannes nicht zuschauen. Freizeit für mich! Es fehlten Filtertüten, Flüssigseife für das Waschbecken und Blumen, um den Wohnzimmertisch mit Frühlingsfarbe zu schmücken.

Schnell war ich in der Einkaufsstraße, als von der anderen Seite eine Person direkt auf mich zulief. Eine Bekannte? Mehr! Eine Freundin? Mehr! Ich selber begegnete mir im Glas einer Schaufensterscheibe. Fast wäre ich vor die Scheibe gelaufen. Der vertraute Mantel, der Schal, den ich in der Strickgruppe fertig gemacht hatte, das Gesicht. Ich sah in mein Gesicht, und meine Augen tasteten es ab. Die Haut, ein wenig zu blass. Nun, ich hatte schlecht geschlafen, nur wegen der feuchten Stelle unter der Spüle. Eigentlich kein Grund. Die Sommersprossen auf der Nase glichen Spritzern von dünnem Kakao.

Nicht mehr wie früher, als die Jungen auf dem Schulhof mich deswegen auslachten. Als junges Mädchen hüpfte ich wie ein Ball, mein rundes Gesicht sprang mit. Heute geht alles langsamer, da hüpft auch mein Gesicht nicht mehr. Die Wirbelsäule setzt deutliche Grenzen. Mein Gesicht ist wie die Landkarte meines Lebens: an den Augen viele Fältchen vom Lachen und den Tränen, die Haut rau und schlaffer, die Augen müder. Keine Kosmetikerin würde Feuchtigkeit und Glanz zurückzaubern. Ich muss selber versuchen, mein Strahlen wieder hervorzulocken.

Das Notenblatt

Heute gehen wir zum Konzert. Ein Streichquartett, das bereits international aufgetreten ist, wird auf unserer kleinstädtischen Bühne spielen.

Meine Kleidung, wie immer schwarz, obwohl mein Mann es nicht mag. Dieses Mal entscheide ich mich für einen Farbtupfer. Ein pinkfarbenes T-Shirt unter dem schwarzen Blazer, am Revers eine pinkfarbene Stoffblüte. Mein Mann, auch wie immer, im schwarzen Anzug mit der roten Lieblingskrawatte.

Im Theater ist es schon recht voll, ein Stimmengewirr übertönt die eigenen Worte. Wir finden im ersten Rang noch gute Plätze. Das Publikum wird sogar vom Bürgermeister begrüßt. Er hält auf der Bühne eine Ansprache, verspricht, sich kurz zu fassen. Tut es auch. Dann nimmt er seinen Handzettel vom Notenständer und begibt sich zu seinem Ehrenplatz im ersten Rang. Währenddessen betreten die vier Damen des Streichquartetts die Bühne und beginnen, zu spielen …

Nein, doch nicht! Irgendetwas stimmt da nicht. Eine Musikerin verlässt die Bühne, kehrt zurück, blättert etwas nervös ihre Noten auf dem Notenständer durch. Eine andere kontrolliert die Blattsammlung auf dem zweiten Notenständer. Momente der Ratlosigkeit vergehen. Dann ein erleichtertes Lächeln von den Vieren, mit Blickrichtung in den ersten Rang – dorthin, wo unser Bürgermeister sitzt. Der beginnt etwas aufgeregt in seinen Handzetteln zu blättern und hält schließlich lachend ein Notenblatt in die Höhe. Und was macht er jetzt? Er lässt es nach unten in den Zuhörerraum gleiten. Da wird es von Reihe zu Reihe nach vorne weitergereicht. Begleitet von Gelächter und Applaus, kommt das Notenblatt schließlich auf der Bühne an.

Das Konzert kann beginnen.

Das Papageiencafé

Mitten in der Stadt, etwas eingezwängt zwischen zwei neuen Bürogebäuden, duckt sich ein altes, rotbraunes Fachwerkhaus. Der Giebel neigt sich etwas nach vorn, man könnte meinen, das Haus wolle an seinen neuen Nachbarn links und rechts vorbeischauen. Im Erdgeschoss liegt ein kleines Café mit alten Butzenscheiben. Innen sieht es so aus wie vor 100 Jahren. Doch gemütlich ist es – vielleicht gerade deshalb.

Ich habe mich hier mit meiner Schwester verabredet. Wir trinken gerne Kaffee und am liebsten in dieser Atmosphäre. Ich gehe schon einmal hinein und setze mich direkt neben den Papageienkäfig. Weil sonst niemand da ist, rede ich mit dem Vogel. Er springt auch gleich auf seine Stange und kommt mit seitlichen Schritten interessiert zu mir herüber. Ich nähere mich ihm mit der Hand, er senkt den Kopf und lässt sich mit sichtlichem Wohlbehagen kraulen. Der Vogel genießt die Situation, knabbert ab und zu an meinem Finger, springt nach unten, frisst ein paar Körner und kommt dann wieder. Es ist ein besonderer Papagei, eine Amazone, ganz grün und mit einer roten Zeichnung am Kopf. Macht aber nichts, alle kennen das Café als Papageiencafé. Ach, ja, meine Schwester ist inzwischen auch da. Ich hatte es gar nicht bemerkt.

Etwas später kommen weitere Gäste. Auch zu ihnen verhält sich der Vogel ganz zutraulich. Genau wie bei mir. Bin ich etwa eifersüchtig?

40 Jahre später treffe ich bei einer Abendveranstaltung

unserer Lokalzeitung den Besitzer des Papageiencafés. Er erzählt mir, dass es den Vogel immer noch gibt und dass es immer noch derselbe ist.

Der alte Koffer

Es klingelte. Da stand Monika, die alte Freundin aus der gemeinsamen Schulzeit. Sie trug unter dem leichten Mantel einen luftigen Sommerrock, dazu eine weiße Bluse, ihre Haare mit Kämmchen und Spangen hochgesteckt. Eine lebendige Erinnerung, fast wie vor 40 Jahren stand sie vor mir. „Du bist kaum älter geworden!" Schon darüber mussten wir herzhaft lachen. In der Hand hielt sie einen alten Koffer.

„Willst du verreisen?"

„Nein, darin sind unsere Erinnerungen: Fotoalben, Tagebücher und mein Abizeugnis."

„Komm herein, der Sekt ist schon kalt".

Monika öffnete den alten Koffer, die rostigen Schlösser quietschten. Heraus polterten dicke, abgegriffene Fotoalben und zwei Tagebücher mit Rosen bemalt.

„Unsere gemeinsame Vergangenheit?", fragte ich.

„Ja, ich habe auf dem Dachboden nach Erinnerungen gesucht."

Nun schauten wir gemeinsam: die Klassenfahrten, Ausflüge mit dem Fahrrad, Schwimmen im Sommer in dem kleinen See, Tanzstunde. Die Bilder waren noch schwarzweiß, die Ränder mit kleinen Zacken, manche Aufnahmen total verwackelt.

„Sieh nur hier, das Gruppenfoto von der Erstkommunion. Links die Mädchen, rechts die Jungen."

„Wie brav wir aussehen! Ich in meinem weißen Kleid, es war ein wenig zu eng. Das waren die Süßigkeiten."

„Hier die Klassenfahrt in die Jugendherberge."

„Wir sitzen alle zusammen auf der Wiese, die Klassenlehrerin in der Mitte."

„Tanzstunde, das erste Ballkleid."

„Nicht wie heute! Damals züchtig geschlossen, leicht die Taille betont, langweilig bis zu den Füßen."

„Da ist Hannelore und da Michael. Sie haben nach dem Abitur geheiratet."

„Ob sie noch zusammen sind?"

„Wie lange kann Glück andauern?"

Der Umzug

Seit fünf Jahren bin ich Rentner. Jetzt bin ich 70. Es ist Ruhe eingekehrt in den Alltag, den ich mit meiner Frau Christel verbringe. Wir treffen gelegentlich Freunde, helfen den Kindern im Schrebergarten und haben Zeit für einen Schwatz mit den Nachbarn. Früher spürte ich oft eine innere Unruhe. Das ist heute vorbei. Ich sitze gerne mal eine halbe Stunde und länger auf der Parkbank und schaue den Wolken zu. Die Wochentage fließen wie ein ruhiger Strom an uns vorbei.

Bis zu diesem Bericht in der Tageszeitung: in unserer Siedlung soll ein ALDI gebaut werden. Unsere Straße wird zu dem wichtigsten Zubringer. Allein die Vorstellung, morgens durch schwere Transporter aufgerüttelt zu werden, macht uns Angst; auch die vielen Autos der Frauen, die ihre Einkäufe am Vormittag erledigen. Nachmittags klingeln die Kinder mit ihren Fahrrädern durch unsere Mittagsruhe, wenn sie ihre Süßigkeiten kaufen. Schrecklich! Abends die Autohupen der Männer, die noch schnell Bier kaufen. Den ganzen Tag Lärm in den Ohren, ohne es verändern zu können. Wir müssen umziehen oder das Hörgerät leiser stellen.

Eventuell gibt es aber noch eine bessere Lösung: Vielleicht können wir mit der Zeit die Gelassenheit gewinnen, die Vielzahl der Geräusche als Tor zur jungen Welt zu akzeptieren. So bleiben wir hier, das Hörgerät in den Ohren, mit der Freude, ein Teil des lebendigen Alltags zu sein.

Der Weihnachtsengel

Am 6. Januar ist Schluss mit Weihnachten. Der Christbaum sieht aus wie nach einer Diät, nur „Knochen“, wenig Nadeln. So dünn und traurig. Ab damit zur Mülltonne. An der Straße liegen schon mehrere. Alle ähneln sich: mager, wenig Nadeln, nach getaner Arbeit aussortiert. Kein warmer Kerzenschein, kein Kindersingen mehr. Die Januarkälte zieht durch die Äste und lässt die Restnadeln frieren. Da, bei dem Eckhaus einer, der noch Lamettafäden mitgenommen hat. Das macht ihn auch nicht schöner: dünn, alt, mit Silberschmuck, das passt nicht.

Die gold- und silberglänzenden Kugeln werden vorsichtig in die Schachtel gelegt, jede an ihren Platz. Plötzlich draußen auf der Straße ein heftiges Hundegebell. Eine kurze Schrecksekunde, und schon liegt die Kugel auf dem Boden. Kaputt.

Sterne, Kerzenhalter, Engelchen, Nikoläuse werden in die Weihnachtstruhe gepackt. Sehen wir uns in einem Jahr wieder? Ein besonderer Platz ist für den alten Weihnachtsengel bestimmt. Ein Engel, nur mit Kopf und Flügeln. Am rechten Ohr blättert der Goldlack, die Macke an der Nase entstand bei einem Sturz von der Kommode (Lisas Weihnachtsball hatte ihn getroffen). Eine Tannennadel wird behutsam aus seinem rechten Nasenloch entfernt. So wird er vorbereitet für den engen Raum in der Truhe, den er bis Ostern mit dem dicken Hasen teilen muss. Dann, wenn dieser seinen Dienst antreten wird, hat der Engel Platz für seine Flügel und die Weihnachtserinnerungen.

Der Weitsprung

Es ist ein heißer Nachmittag mitten im August. Dorle macht das nichts aus. Sie kommt gerade aus dem Kindergarten und hüpft im Schatten der alten Kastanien in Richtung Sandstraße Nr. 4. Gleich wird sie sich mit den anderen Kindern auf der großen Kuhweide hinter dem Haus treffen. Die Kühe sind dann im Stall und werden gemolken.

Die großen Jungen sind schon da, auch Klaus. „Brennnesseln brennen in diesem Monat nicht“, versprach er mit Ehrenwort der kleinen Dorle, die ihn anhimmelte. Danach tat sie es nicht mehr. Zum Glück verging der Schmerz an ihren Fingerspitzen bald – und sie begegnete dem frechen Klaus in Zukunft mit Misstrauen.

Die schönsten Spiele fanden auf der großen Kuhweide statt. Wir fingen Schmetterlinge, spielten Federball, Fußball und Völkerball. Manchmal machten wir auch Weitsprung. Das war natürlich ungerecht, denn die großen Jungs waren dabei im Vorteil.

Heute schauten wir Mädchen ihnen zu. Wer würde wohl gewinnen? Klaus war an der Reihe. Oh, das war weit! Es war weit, aber Klaus fluchte: „So ein Mist.“ Er war in einem Kuhfladen gelandet und wischte jetzt den braunen Klecks an seinem Schuh kräftig mit Gras ab. Dorle lachte. Die anderen schmunzelten. Schließlich spielten wir auf einer Kuhweide. Da muss man eben aufpassen.

Die Sektflasche

Unser Nachbar hatte in ein paar Tagen Geburtstag. Wir hatten eine kleine Flasche Sekt gekauft, einen Piccolo, und meine Frau schrieb dazu noch ein paar Zeilen auf eine Grußkarte. Beides stand zusammen in der Küche auf einem kleinen Regal, gut sichtbar, damit wir es nicht vergessen konnten.

Zwei Tage später war der Sekt weg. Meine Frau trinkt gerne Sekt. Ob es da wohl einen Zusammenhang gab?

Ich stellte den Täter zur Rede:

„Wo ist der Sekt?"

„Was, wie, welcher Sekt?"

„Na, der Sekt für unseren Nachbarn."

„Nachbar ...?"

„Ja, der Sekt war doch für unseren Nachbarn als Geburtstagsgeschenk gedacht."

„Ja, ja."

„Hast du etwa den Sekt ...?"

„Ich kaufe morgen einen neuen."

Am nächsten Tag stand ein neuer Piccolo auf dem Regal in der Küche.

Ich dachte, die Sache wäre damit erledigt. War sie aber nicht. Am Tag des Geburtstags kam meine Frau mit einer schön in Folie einpackten Flasche Rotwein in die Küche. „Brauchen wir die noch?" Zu irgendeinem Anlass, ich weiß es nicht genau, hatte jemand uns diese Flasche geschenkt. Wir trinken nur Weißwein, deshalb stand sie noch im Schrank.

Ich fragte meine Frau: „Willst du etwa diesem armen alten Mann …“

„Jaaa.“

Also gab es keinen Sekt für unseren Nachbarn, sondern Rotwein. Wenn er nun den gleichen Geschmack hätte wie wir, könnte auch er die Flasche in Folie verpackt lassen und weiterschenken.

Den Sekt könnte er ja im nächsten Jahr bekommen, oder …?

Die Zugfahrt

„Geschafft!“, sagt Erika und atmet dabei einen langen Seufzer der Erleichterung aus. Sie lehnt sich entspannt in den Sitz, während sie die Landschaft links und rechts der Bahngleise aus dem Fenster genießt.

„Ja, ich bin geschafft“, tönt Erich wütend und sackt in seinen Sitz, Schweißperlen auf der Stirn, der Kopf glänzt rot, der Schal hängt schief.

„Was hast du in unsere Koffer gepackt? Sind es die Steine aus dem Vorgarten?“

„Nein, Ostern soll es in Hamburg trübes Wetter geben, ich habe noch warme Pullover mitgenommen. Und noch leichte Blüschen für den einzigen Sonnentag in dieser Woche.“

„Du machst dir nie Gedanken beim Packen, aber ich muss sehen, wie alles mit dem Zug nach Hamburg kommt.“

In den Osterferien fahren die Großeltern, Erika und Erich zu der Familie ihres Sohnes. Für eine Woche hüten sie die drei Kinder. So können die jungen Eltern in Travemünde ausspannen. Das ist nicht weit weg. Im Notfall könnten sie schnell zurück sein. Bisher gab es keinen Notfall mit den Kindern, dafür hat Oma Erika immer gesorgt. Der einzige Notfall ist immer nur die Anreise.

Heuernte

Es war ein heißer Sommer. Wir waren an den Nachmittagen schon häufig im Schwimmbad gewesen. Heute nicht. Nach der Schule – Hausaufgaben – und los, mit meinem Fahrrad zur Heuwiese.

Das Heu lag in langen Reihen, es wurde zum letzten Mal gewendet und zu hohen Haufen geschichtet. Am Spätnachmittag sollte der Anhänger beladen werden. Mit Siegfried und Heinz zusammen auf der Wiese zu arbeiten, machte mir mehr Spaß, als Vokabeln zu lernen und Gleichungen zu lösen.

Ich hatte ein blau-weiß-kariertes Baumwolltuch, das meinen Schweiß von der Stirn aufsaugte – genau wie die beiden Männer, deren Gehilfe ich heute war. Wir tranken nicht aus Gläsern, sondern aus Flaschen – wie Männer.

Allerdings leider nur Mineralwasser. In der Ferne hörten wir den Traktor tuckern, der den Anhänger brachte. Jetzt waren wir vier Männer zum Beladen. Die Heuernte war in diesem Jahr wirklich gut. Stolz bestaunten wir das beladene Gespann. Jetzt ging es nach Hause. Dort sollten wir belohnt werden, mit einer Riesenpfanne voll Bratkartoffeln mit Speck und Spiegeleiern.

Das Gespann voraus, ich mit dem Fahrrad hinterher. In den Kurven schwankte die Ladung ein wenig, aber sie hielt. Etwas Heu flog mir um den Kopf – oh, nein, die Unterführung! Ein Teil der Ladung fiel zu Boden, der Traktor hielt an. Der Heuwagen passte nicht hindurch. Wir mussten tatsächlich einen Teil des Heus abladen und am Straßenrand lagern. Der Traktor musste ein zweites Mal fahren und wir mussten ein zweites Mal beladen.

Dafür schmeckten die Bratkartoffeln aber auch doppelt so gut.

Matteo

Samstagmorgen. Der Himmel war stark bewölkt. Kein Regen. Die Wettervorhersage hatte Besseres versprochen: Sonne und 5 Grad wärmer. Trotzdem, ein Gang zum Markt konnte nicht schaden. Matteo nahm seine Krücken und machte sich auf den Weg. Die Knie waren etwas steif, darum war er langsamer, aber Zeit spielte für ihn keine Rolle. Seit seine Frau gestorben war, lebte er allein.

Allein ist nicht ganz richtig. Er lebte in einem Hotel. Ja, richtig, in einem Hotel. Das kleine „Minerva" hatte bessere Zeiten erlebt. Der Putz bröckelte von den Wänden, Türen und Fenster hatten einen Anstrich nötig und die Tür des Kleiderschrankes in seinem Zimmer knarrte erbärmlich. Genau deshalb hatte Matteo einen Preis für seinen ständigen Aufenthalt dort erzielen können, den er mit seiner Rente bezahlen konnte.

Es gab nur wenig Hotelpersonal, aber Matteo kannte sie alle. Jeder Morgen begann mit Klaus, dem Kellner für das Frühstück. Immer die gleichen Handgriffe: Brötchen in den Brotkorb, Marmeladengläser aufreihen, zwei Scheiben Käse und an das weich gekochte Ei denken, das dann doch immer steinhart war. Eigentlich war er zuständig für alles: Tische decken, eine Glühbirne auswechseln, gelegentlich die Bar besetzen oder den Fernseher reparieren. Matteo beachtete ihn kaum, denn Klaus war ein schweigsamer Typ und las in einer freien Minute gerne die Tageszeitung.

Nach und nach kamen dann die anderen Gäste, häufig Vertreter auf der Durchreise. Auch sie schwiegen meist, und es blieb bei einem knappen „Grüß Gott“, „Moin“ oder „Tach“. So freute er sich schon Wochen vorher auf die Familie, die in jedem Jahr für eine Woche im Frühsommer kam: der etwas brummige Vater, die fröhliche, rundliche Mutter, die zwischen den Ermahnungen an Clara und Sebastian immer noch Zeit fand, ein Brötchen mehr zu essen.

Am Ankunftsmorgen kam Clara als erste in den Frühstücksraum, langsam, suchend, bis ihr Blick auf Matteo fiel. Sie rannte zu seinem Tisch und stieß die Zeitung zur Seite: „Opa, da bist du ja. Ich hab‘ dich so vermisst.“ Matteo strahlte. Für ihn ging die Sonne noch einmal auf, obwohl er nicht wirklich Claras Großvater war. Sebastian, inzwischen 14 Jahre alt, war das peinlich. Er hob die Hand mit einem lässigen Hallo.

Herbert, der Besitzer, stand am Empfang, ordnete Eintragungen und Zimmerschlüssel und war immer zu einem Schwatz aufgelegt. Als gerade jetzt Ramona, das Zimmermädchen, vorbeikam, schickte er sie in Matteos Zimmer, um Ordnung zu machen. Mädchen war nicht ganz richtig. Ramona war schon 50, dick und rund und urgemütlich. Sie war die Seele des Hotels. Sie räumte Matteos Zimmer auf, machte das Bett, fand die gesuchte Socke unter dem Schrank und hinterließ immer ein warmes Gefühl in dem bescheidenen Zimmer.

Matteo war glücklich mit seiner „Familie“. Wer hätte das vor einigen Jahren gedacht.

Wiedersehen mit Monika

An jedem Samstag kaufen wir Gemüse und Salat auf dem Markt. Ich hielt prüfend eine Gurke in der Hand, da hörte ich neben mir, bei den Tomaten, eine Frau: „Bist du es wirklich?“ Ich war gemeint. Erstaunte Augen glitten über mein Gesicht, als ob sie etwas suchten. Auch ich schaute mit Fragezeichen. Das Gesicht war mir bekannt, aber irgendwie auch anders. Länger, dicker, die Augen, die Nase?

„Ja, ich bin ich, aber wer bist du?“

„Ich glaube, wir sind gemeinsam in die Schule gegangen. Hast du nicht die Rede zum Abitur gehalten?“

„Ja, ich bin Agnes. Lass mich raten, und du bist Monika?“ Zweimal klang ein freudiges „Jaaa“ über den Marktplatz. Monika und ich kauften nur noch schnell das Nötigste. Mein Mann trug die Taschen nach Hause, während wir beide, kichernd wie Schulmädchen, ins Marktkaffee liefen. Wir steckten die Köpfe zusammen und redeten gleichzeitig, so dass keine mehr etwas verstand. Wir lachten, fragten, sagten „Oh“ und „Ah“, „Wo wohnst du?“, „Hast du Kinder, Enkel?“ Die Fragen überschlugen sich, die Antworten gingen in Erinnerungsfetzen unter. „Wir müssen uns wiedersehen“, wiederholten wir bei jedem ausgesprochenen Gedanken. Wir fanden einen Nachmittag. Monika wird zu mir kommen, ein Treffen in die Vergangenheit.

Gedankenspielereien

„Gebrauchsanweisung" für das gesamte folgende Kapitel

Lesen Sie bitte nicht alles zusammenhängend vor, sondern bieten Sie nur Teile an, solange der Zuhörer Interesse zeigt.

An dieser Stelle kommt es auf Ihr Feingefühl an. Wir machen hier dem Zuhörer ein Angebot, durch eigene Assoziationen und Ideen die Sätze zu vervollständigen. Allerdings nur dann, wenn er Freude daran hat und dazu in der Lage ist. Denken Sie bitte daran: Es gibt keine falschen Antworten. Vermeiden Sie Stress oder peinliches Warten. Damit es dazu nicht kommt, bieten wir Ihnen mehrere Möglichkeiten zum Vorlesen an, die sinnhafte oder humorvolle Fortsetzungen darstellen und hoffentlich auch zum Lachen reizen.

Natürlich bieten sich hier auch Möglichkeiten für Ihre eigene Kreativität. Lassen Sie ruhig Ihrer Fantasie freien Lauf.

Berufe

Wenn ich ein Schornsteinfeger wäre, dann …
… könnte ich die Welt von hoch oben betrachten.
… würde ich den Menschen Glück bringen.
… würden mich viele freundlich begrüßen.

Wenn ich ein Rennfahrer wäre, dann …
… dürfte ich immer ganz schnell fahren.
… hätte ich vielleicht einen Ferrari.
… würde ich gaaanz viel Geld verdienen.

Wenn ich ein Feuerwehrmann wäre, dann …
… würde ich viele Menschen aus der Not retten.
… würde ich mit meiner Feuerwehrspritze alle nass spritzen.

Wenn ich eine Ärztin wäre, dann …
… ginge ich nach Afrika.
… würde ich dafür sorgen, dass alle Kinder geimpft werden.
… würde ich Patienten nie lange warten lassen.

Wenn ich eine Lehrerin wäre, dann …
… gäbe es keine schlechten Zensuren.
… würde ich lernschwachen Kindern mehr helfen.
… würde ich die Pause immer etwas länger machen.
… würde ich mich freuen, wenn die Kinder bei mir ganz viel lernen.

Wenn ich ein Dirigent wäre, dann ...
... würde ich gerne das Weihnachtsoratorium dirigieren.
... würde ich den Taktstock ganz wild schwingen.
... würde ich die Pauken und Trompeten draußen lassen, damit es nicht zu laut wird.

Wenn ich ein Manager wäre, dann ...
... würde ich zuerst mein Gehalt erhöhen.
... würde ich die Uhren langsamer laufen lassen, damit ich mehr Zeit habe.
... wäre ich am liebsten Manager bei einem Fußballclub.

Wenn ich ein Politiker wäre, dann ...
... dürften alle mit öffentlichen Verkehrsmitteln fahren, ohne zu bezahlen.
... würde ich die Steuergelder gerecht verteilen.
... würde ich allen die Studiengebühren erlassen.
... würde ich den Mindestlohn anheben.
... würde ich nicht so viel lügen.

Wenn ich ein Künstler wäre, dann ...
... würde ich mir ein ganz großes Bild malen.
... würde ich malen wie Picasso.
... würde ich langweilige Häuser farbig gestalten.

Wenn ich Erfinder wäre, dann ...
... würde ich ein Auto bauen, das keinen Kraftstoff braucht.
... würde ich ein Elektroauto entwickeln, das sich jeder leisten kann.
... würde ich unsinkbare Schiffe bauen.
... würde ich Flugzeuge bauen, die nicht abstürzen.

Wenn ich Fußballer wäre, dann …
… würde ich immer so spielen, dass Deutschland Weltmeister würde.
… würde ich gerne ganz viele Tore schießen.

Wenn ich ein Kapitän wäre, dann …
… würde ich mit dem Traumschiff fahren.
… könnte ich immer bestimmen, wo es lang geht.
… würde ich in meiner Koje beim Einschlafen schön geschaukelt.

Wenn ich Wissenschaftler wäre, dann …
… würde ich ein Medikament gegen Krebs entwickeln.
… würde ich dafür sorgen, dass jeder zum Mond fliegen kann.

Wenn ich …

Wenn ich …

Wenn ich …

Jahreszeiten

Wenn ich an Frühling denke, dann fällt mir ... ein.

... Sonnenstrahlen ... alles wird grün ... Narzissen, Tulpen ... Forsythien ... Gartenarbeit ... Ostereier ... Lämmer auf der Weide ... Fronleichnam ... Pfingsten

Wenn ich an Sommer denke, dann fällt mir ... ein.

... Eis essen ... Eiskaffee trinken ... Erdbeeren mit Sahne essen ... Kirschen pflücken ... im Garten unter dem Sonnenschirm sitzen ... Wespen verscheuchen ... Schwimmen gehen ... Urlaub machen

Wenn ich an Herbst denke, dann fällt mir ... ein.

... Blätter werden bunt ... Wind fegt durch die Straßen ... Kinder gehen mit Laternen ... Martinsgans mit Rotkohl essen ... Kerzen auf den Gräbern anzünden ... Feuer im Kamin machen ... heißen Holundersaft trinken ... Tee mit Kandis ... Bratäpfel backen ... Laub fegen ... Äpfel, Birnen, Weintrauben ... Kartoffelernte ... Erntedank

Wenn ich an Winter denke, dann fällt mir ... ein.

... es friert, es schneit ... Ski laufen, Schlitten fahren ... Meisenring ... die Straßen sind glatt ... Schnee schieben ... Adventskerzen ... Lichterketten ... Weihnachten ... Silvester, Raketen ... Neujahr ... Schneeglöckchen ... Krokus

Wünsche

Wenn ich eine Werkbank hätte, dann würde ich ...
... ein Schränkchen bauen.
... die Schublade reparieren.
... ein Bücherregal bauen.

Wenn ich eine Nähmaschine hätte, dann ...
... würde ich mir einen schicken Rock nähen.
... könnte ich mir ein Sommerkleid machen.
... würde ich meinem Enkel eine Hose nähen.

Wenn ich ein Schiff hätte, dann würde ich ...
... zu einer schönen Insel fahren.
... mir eine Kapitänsmütze kaufen.
... ins Mittelmeer fahren.

Wenn ich ein Motorrad hätte, dann würde ich ...
... durch Südfrankreich fahren.
... im Sommer an die Nordsee fahren.
... im Frühling Chrom polieren.

Wenn ich einen Regenschirm hätte, dann würde ich ...
... nicht immer nass.
... ihn auch als Sonnenschirm benutzen.
... die nette Frau Müller zum Spazierengehen einladen.

Wenn ich Gummistiefel hätte, dann würde ich ...
... mitten durch den kleinen Bach gehen.
... durch den Matsch im Park gehen.
... segeln gehen.

Wenn ich ein Orchester hätte, dann würde ich …
… dirigieren wie Karajan.
… auf die Pauke hauen.
… ihnen die Flötentöne beibringen.

Wenn ich ein Cabrio hätte, dann würde ich …
… rund um den Gardasee fahren.
… die nette Frau Schmidt/den netten Herrn Schmidt in die Eisdiele einladen.
… bei Regen immer das Dach schließen.

Wenn ich einen Wellensittich hätte, dann würde ich …
… für ihn Sprechperlen kaufen.
… ihm immer etwas erzählen.
… mit ihm auf der Hand durch die Wohnung spazieren.

Wenn ich eine Eisenbahn hätte, dann würde ich …
… sie im Keller aufbauen auf einem großen Tisch.
… ein kleines Dorf und Berge dazu basteln.
… mit meinem Enkelkind Eisenbahn spielen.
… mit Lukas dem Lokomotivführer durch Lummerland fahren.
… immer die Dampfpfeife blasen lassen.
… ordentlich Kohlen schaufeln, damit wir schneller fahren.

Wenn ich eine Bank hätte, dann könnte ich …
… mich ausruhen.
… sie an einen schönen Platz in den Garten stellen.
… sie ganz bunt anmalen.